한눈에 보이는
친절한 모금 현장 안내서

모금가 노트

한눈에 보이는 친절한 모금 현장 안내서

모금가 노트

ALL ABOUT FUNDRAISING

정현경 / 정인환 / 최계명 / 이정선 지음

홀로 고군분투하며
모금하는 동료를 위한 최고의 지침서

풀빛

20년 전, 평생 발달장애인을 위해 헌신하신 김성수 대한성공회 주교님을 모시고 국내 대기업을 방문한 적이 있다. 어린이재활병원의 건립기금을 요청하기 위한 자리였다. 오랫동안 기다려온 순간이었지만 아무 소득 없이 빈손으로 돌아오는 길에 나는 분을 참지 못하고 "대기업이 정말 이럴 수 있느냐"고 울분을 토했다. 그때 김성수 주교님이 하신 말씀이 아직도 생생하다. "한 번 거절당했다고 낙담하지마세요. 열 번 전화해야 한 번 통화할 수 있고, 열 번 만나야 겨우 마음을 열 수 있습니다. 무엇을 위해 모금하는가를 생각하면 아홉 번의 실패는 아무것도 아닙니다." 순간 나는 마음속으로 주교님께 큰절을 올렸다. 모금은 지갑이 아니라 마음을 여는 일이다. 그런데 상대의 마음을 열기 위해서는 감동과 기다림이 필요하다. 이 책에는모금을 위해 어떤 감동과 준비가 필요한지 모든 것이 담겨 있다. 발로 뛰어다니며 새로운 전문 영역을 개척한 저자들이 체험한 모금에 대한 지혜를 이 책을 통해 발견할 수 있어 반갑다.

♡ 백경학 푸르메재단 상임이사

하나의 '실전 매뉴얼'처럼 따라만 해도 모금 업무가 저절로 될 것 같은 이 책은 모금 담당자들에게는 매우 반갑고 든든한 멘토가 될 것이다. 책 전체를 가득 채운 표와 서식들은 당장 현업에 그대로 적용해도 크게 무리가 없어 보인다. 모금의 이론이면 이론, 자세한 정책 해설이면 해설, 실무적 노하우면 노하우, 모금계 관련 정보면 정보, 모든 것이 담긴 이 책은 지금까지 나온 여러 모금 관련 서적들을 일단락하고 총정리하는 '써머리 북' 같은 느낌이다. 사회복지기관이나 비영리단체에서 직접 모금을 담당해본 실무자들이 썼기에 더욱 생생하고 현장 친화적인 이 책의 지향점은 분명해 보인다. 기부자들이 만족하고, 실무자들은 보람되며, 통장은 두둑하고, 변화는 달성되며, 과정은 투명한 모금이 충분히 가능하다는 것이다. 모금의 성패와 성과가 책 속에 문자로 존재하지는 않겠지만(실천의 영역), 이 책이 성공의 길잡이가 될 것은 확실하다. 오랜 시간 정보와 글을 다듬으신 저자분들께 감사와 존경의 마음을 드린다.

♥ 김재춘 가치혼합경영연구소 소장

첫 마음을 잊지 않으려고 합니다.

2018년 12월《THE PLAN 2019 모금다이어리》, 2020년 2월《모금
가 노트》에 이어 다시 준비한《모금가 노트》개정판에 이르기까지
비영리 현장에서 활동하는 동료들을 '어떻게 하면 잘 도울 수 있을
까' 하고 고민하던 그 첫 마음을 잊지 않았습니다.

두 번째 마음을 담았습니다.

모금은 돈을 모으는 것이 아니라 사람을 모으는 것이라는 '사람'의
가치를 담았습니다. 자칫 '자원'에 묻힐 수도 있는 것이 모금입니다.
'사람 중심'의 모금활동이 현장에서 실천될 수 있기를 바라는 두 번
째 마음을 담았습니다.

세 번째 마음을 강조하였습니다.

활동가 개인 모금이 아닌 조직 모금이 되어야 합니다. 모금명분, 모
금 개발, 기부자 관계예우정책 등 모금활동과 관련된 모든 것들이
조직 안에 체계적으로 세워져야 하고, 구성원과 다함께 공유하고 합

의하여 한 방향으로 전진해야 지속 가능성이 담보될 수 있다는 세 번째 마음을 강조하였습니다.

네 번째 마음은 바로 '연대'입니다.

비영리조직은 이 사회에 필요한 공익 활동을 하는 곳입니다. 인간존엄의 가치를 지키며, 권리와 옹호를 위해 싸웁니다. 이를 위해 세상에서 가장 아픈 곳을 드러내고, 무엇이 공익인지 담론을 만들어내기 위한 연대를 촉구합니다. 이러한 연대의 영향력을 드러내는 것이 모금입니다. 따라서 모금은 우리가 무엇을 위해 이 일을 하는지, 어떤 변화가 이 사회에 가장 유용하고 공익적인지를 말해줍니다. 그리고 그 일을 우리가 가장 잘할 수 있다는 자신감과 전문성에서부터 출발합니다.

동료, 사람, 조직, 연대의 네 마음이 비영리조직에서 활동하는 동료들의 마음과 이어지기를 바랍니다.

저자 **정현경, 정인환, 최계명, 이정선**

목차

3 개발

4 사람 '기부자'

5 기부자 관계예우정책

6

투명성과
책무성(공동체)

7

모금
전문가

8 연 & 월간 & 주간 활동 실행

부록   매뉴얼 제작 및 활용

한눈에 보는
모금가 노트

모금은 조직이 스스로의 존재 가치를 이해하며,
조직의 미션·비전, 가치, 목적사업에 동의하는
사람을 모으는 사람 중심의 연대입니다.
따라서 합의된 계획을 기반으로 조직 전체가
체계적이고 지속적으로 참여하는 활동이어야 합니다.
모금은 조직, 주민과 지역사회 공동체의
지속 가능성을 위한 활동입니다.

모금
일정표

모금은 계획된 기간 안에 주어진 예산과 인력이라는 조직 역량 아래에서 잠재기부자·기부자와의 관계를 향상시키면서, 조직이 지향하는 가치를 구성원 전체가 공유하고 확산시키는 활동입니다.

하지만….

"모금은 내가 맡은 여러 사업 중 일부일 뿐…
모금 담당자의 열정 하나만으로 성과를
내기란 정말 어려운 일이죠…."

모금 담당자의 현실적 고민과 부담

모금 전담 인력 부재

전담 인력이 필요한 것은 저도 알아요! 하지만 우리 조직의 여건상 불가능해요!

전문 슈퍼비전의 부재

학교에선 배우지 않았던 모금! 관련 지식과 기술들은 서적이나 외부 강의를 통해 배워야만 해요!

시간과 집중력 부족

모금 담당자가 다양한 업무를 맡고 있어서 모금활동에 집중할 시간이 절대적으로 부족해요! 팀장님은 공부는 퇴근 이후나 주말에 하라고 하고요.

시작이 어려운 모금

모금 시도 자체가 두려울 때가 많아요. 어디에서부터 어떻게 시작할지 막막해요.

기부자 예우보다는 개발이 우선

모금 담당자로서 기부자님들께 마음 한편이 늘 죄송할 뿐이에요.

모금은 담당자의 역할

모금의 책임은 오로지 저에게 있어요. 많이 부담스러워요!

모금 담당자들이 느끼는 어려움을 이겨나가기 위해 필요한 것은 모금 담당자의 일정표!

하루하루 실천하는 작은 습관(행동)들이 모여 한 해를 마무리하는 12월 31일, 담당자 스스로는 자신감과 성취감이 충만한 사람으로, 당사자와 지역사회에는 마땅한 책임을 다하는 멋진 모금 담당자로 바로 설 수 있으면 좋겠습니다.

한눈에 보는 올해의 할 일

구분	1월	2월	3월	4월	5월	6월
기획	• 모금계획 수립 • 모금 수요 조사	• 모금위원회 구성 • 모금 자원 봉사단 구성	• 모금명분서 기획			
운영	• 동전 모금함 등 수거 • 온라인모금 (월 1회) • 모금 중심 실습	• 모금계획서 교육(워크숍) • 전화모금	• 모금명분서 교육(워크숍) • 증액 요청 및 재후원 요청	• 바자회 • 전화모금 • 기부자 질문 교육(워크숍) • 저금통 사업	• 캠페인	• 기부자 정기 모임 • 전화모금
관리	• 전년도 모금사업 보고서 제작	• Fundraising Kit 점검		• 사업소득 신고 및 기부금 영수증 안내	• 기부자 세분화 (성향 분석)	• 해지기부자 분석
평가	• 전년도 모금사업 평가					
보고	• 전년도 모금 사업보고서 • 당해연도 모금 계획서 제출		• 후원금수입 및 사용결과 보고서 제출· 공개·보고			
예우	• 새해 인사	• 졸업, 설날, 밸런타인데이 등 절기 인사	• 새로운 시작과 관련된 입학식 등 응원 전하기		• 가족 관련 기념일 축하 전하기	
기록			• 기업 및 단체 리스트 정리	• 기업·재단· 단체 등 기금 공모 내역 정리		

7월	8월	9월	10월	11월	12월	메모
				• 기부자 감사의 밤 T/F팀 구성		
전 모금함 등 거 금 중심 실습	• 모금 중심 실습 • 전화모금 • 기업 대상 후원 요청서 작성 및 제안	• 기부자 전화 • 바자회	• 특별 행사 • 전화모금 • 증액 요청 및 재후원 요청	• 기부자 설문 조사 • 간담회, 평가회 통한 기부 요청	• 기부자 감사의 밤 • 전화모금 • 저금통 수거	
				• 연말정산 신고 및 기부금 영수증 안내	• 전년도 모금사업 평가 • 이해관계자 정보 정리	
반기 금사업 평가		• 모금 관련 협력 업체 점검(계약일, 계약 내용 변경 및 보완 등)			• 기관 사업과 재정 분석	• 단위 사업별 수시 평가
					• 후원 사업 매뉴얼 개정 및 공유	
가철 건강 리 안부 하기	• 휴가철 건강 관리 안부 전하기	• 추석 절기 인사		• 수능 관련 응원 안부 전하기	• 연말연시, 종교 기념일 관련 인사	• 주로 절기와 관련된 메시지 발송
	• 기업 및 단체 리스트 정리			• 기업·재단· 단체 등 기금 공모 내역 정리		• 기부자와의 상담, 예우 수시 기록

⊘ 연간 모금사업 운영 주요 내용

기획	- 모금계획 수립 - 모금명분서 작성 - 모금위원회 구성 및 모금 자원봉사단 구성 - 기부자 감사의 밤 T/F팀
운영	- 모금사업 운영: 캠페인, 모금 이벤트, 기부자 개발, 기부 증액 활동, 전화모금 등 - 기부자의 질문 워크숍 - 조직 협업과 봉업을 위한 각종 교육 및 워크숍 운영
관리	- 모금 관련 홍보물 제작: 정기 기부신청서, 팸플릿 등 - Fundraising Kit 점검: 신규, 보완, 변경 등 - 기부자 연구: 기부자 세분화(성향 분석, 신규 및 해지기부자 분석, 설문 조사 등)
평가	- 모금사업 평가(상·하반기, 연간) - 모금 관련 협력 업체 점검: 계약일, 계약 내용 변경 및 보완 등
보고	- 전년도 모금사업보고서 작성 및 제출(상·하반기, 연간) - 사업 보고: 기부자에게 사업 및 기부금품 사용 결과 보고
예우	- 기부자 예우: 절기 인사, 기념일, 정기 모임, 기부자 감사의 밤 등 - 신고 및 제출: 공익법인 의무 이행, 기부금 영수증 발급 등
기록	- 기록 및 분석: 기부자 리스트 정리, 기부자 세분화(성향 분석), 현물기부 리스트 정리, 단체 및 기업 리스트 정리, 기업·재단·단체 등 지원금 공모사업 정보 정리 등

_____

_____

_____

_____

_____

_____

_____

_____

_____

_____

_____

_____

_____

_____

_____

_____

_____

※ 연간 모금사업 운영 주요 내용은 조직 특성과 사업 규모에 따라 시기, 횟수, 방식을 자유롭게 구성하고
　추가할 수 있습니다.
※ 한눈에 보는 올해의 할 일(16~17쪽 참조)과 같은 형식으로 기록하여 사용하기 바랍니다.

한눈에 보는 이달의 할 일

메모	일	월	화
		1	2
		• 기부자 기념일 축하 메시지 발송(생일 등)	• 기부금품 정리 및 내부 보고
	7	8	9
		• 잠재기부자 리스트 작성 및 재정비(신규, 수정, 보완)	• 온라인모금신청서 작성 요청
	14	15	16
		• 모금사업 점검 및 내부 공유(진행 과정, 중간 성과, 안내, 협력 사항, 어려운 점, 역할 재확인 등)	• 온라인모금함 생성
	21	22	23
		• 모금사업과 연계된 목적사업이나 지원사업 내부 공유(진행 과정, 중간 성과, 대상자 변화, 대상자 이야기 등)	
	28	29	30
		• 정기기부금 입금 • 감사 문자 발송 · 정기기부금 감사 문자는 기부금 입금 후 24시간을 넘지 않도록 함	• 우편물, 소식지 반송 및 누락 부분 확인

수	목	금	토
4	5	6	
지정후원금 점검			
0	11	12	13
	● 소식지 발송		● 모금 자원봉사 교육
7	18	19	20
	● 자원개발의 날 (전화·대면·캠페인 등)		
4	25	26	27
	● 기부자 이야기 내부 공유 (신규자, 해지자, 기부자 미담, 기부자 건의 사항, 기부자 질문 변동 사항 등)	● 정기기부금 입금 확인(CMS 등), 감사 문자 발송	● 모금 자원봉사 활동
1			
기부자 정보 변경, 기록 확인 및 정리			

월간 모금사업 운영 주요 내용

기록 및 정리	잠재기부자 리스트 보완, 기부자 정보 변경, 우편물이나 소식지 반송 및 누락 부분 확인
정보 정비	이해관계자, 잠재기부자 정보 정비(신규, 보완, 변경 등), 기부자 우편물이나 소식지 반송 및 누락 확인
내부 정보 공유 점검	안내, 진행, 성과, 협력 사항, 역할 등 공유 및 점검
기부자 질문 & 이야기 공유	신규, 해지, 미답, 건의 사항, 질문, 욕구 등 공유
모금활동	온라인모금, 자원개발의 날, 모금 자원봉사
안내 및 소식	사업 안내, 사업 변화 등 공유(문자, 메일, 소식지 등)
메시지 보내기	절기, 기념일, 신규·정기기부자 감사, 정기기부금 입금 확인(CMS 등)
성과 기록	기부금품 정리, 기부자 개발·현황

_____

_____

_____

_____

_____

_____

_____

_____

_____

_____

_____

_____

_____

_____

_____

_____

_____

_____

_____

_____

_____

_____

_____

※ 월간 모금사업 운영 주요 내용은 조직 특성과 사업 규모에 따라 시기, 횟수, 방식을 자유롭게 구성하고
  기록할 수 있습니다.
※ 한눈에 보는 이달의 할 일(20~21쪽 참조)과 같은 형식으로 기록하여 사용하시기 바랍니다.

조직의
모금

모금은 담당자 한 사람의 모금이 아닌
조직의 모금이 되어야 합니다.
조직이 나아가야 할 방향성과 약속된 실천이 필요합니다.
모금 이해, 모금과정, 모금사업, 명분서, 계획서,
역할과 책임, 조직화, 사업 평가로 구성했습니다.
모금을 위한 준비, 계획과 실행, 평가와 공유까지
실무에 필요한 과정을 차근차근 실천하기 바랍니다.

모금
이해하기

모금(募金)이라는 단어가 가진 '돈을 모은다'는 사전적 정의를 부정하고 싶지는 않습니다. 하지만 모금이란 단순히 돈을 모으는 행위가 아닙니다. 오히려 모금의 근원적 행위를 할 수 있게 하는 '가치'로 인해, 우리의 행위가 의미 있어지는 것입니다.

케이 스프링켈 그레이스(Kay Sprinkel Grace)는 《비영리기관의 모금》이라는 책에서 "비영리조직에서의 모금은 부족한 재정을 보완하기 위한 단순한 재정적 충족이기보다는 박애(philanthropy) 정신이 기반이 된 가치에 기초를 두고 있다"고 이야기합니다. 이는 모금이 사업이나 사업비를 모으는 행위에 그치는 것이 아니라 사람들이 그들의 가치를 추구하도록 돕는 하나의 '장(場)'이 되어야 한다는 의미이며 이 '장'을 통해 그 가치를 공유하고 확산해야 한다고 설명합니다.

모금은 사람들이 스스로의 가치를 추구할 수 있도록 도와주는 과정입니다. 모금은 기관의 존재 이유와 사회적 역할을 지지하는 사람들의 장입니다. 함께 걸어가는 사람들이 많아지는 것이 사회운동입니다. 그래서 모금은 사람을 모으는 것이라고 합니다. 사람이 와야 그 사람이 가지고 있는 돈, 재능, 시간, 지식, 열정, 그리고 또 다른 사람이 따라오기 때문입니다.

모금을 펀드레이징이라 한다.

Fundraising

Fund+Raising

모금은 추수를 앞둔 논을 걸어가는 것이다.

그리고 때가 되면 논에서 추수를 하는 행위이다.

그러나 남의 논에 들어가서 추수할 수 없다.

우리 논에서 추수를 해야 한다.

우리의 논!!!

우리가 봄부터 씨를 뿌리고,

비, 바람, 햇빛, 시간과 함께한 우리 논.

레이징(Raising)은 수집이 아니라

추수하는 의미가 더 깊다.

그리고 추수를 하기 위해선 우리 땅이 있어야 한다.

우리에게 우리 땅이 있는가?

CFRE* 비케이 안

저는 '비케이 안(Bekey Ahn)'의 말에 커다란 두려움을 느꼈습니다. 사람을 모으고, 돈을 모으는 것보다 사람과 돈을 모을 수 있는 우리의 정당성과 받을 준비에 대한 물음이기 때문입니다. 모금은 사람을 모으고 돈을 모으는 것이 아니라, 우리 스스로 믿고 지향하는 가치에 대해 다짐하고 약속하는 것입니다.

* CFRE: 국제공인모금전문가(Certified Fund Raising Executive)

무엇을
선택하겠습니까?

한 사람이 기부한 10억 원을 원하십니까?

만 명이 기부한 1,000만 원을 원하십니까?

Donation(기부금) & Donor(기부자)

1명
10억 원 기부

1만 명
1,000만 원 기부

모금과정

모금은 돈에 대한 이야기가 아니라
우리가 왜 이 일을 해야 하는지,
무엇을 위한 것인지,
어떤 변화가 건강한 공동체를 만들어나가는 것인지,
그리고 그 일을 우리가 가장 잘할 수 있는지를
이야기하는 것입니다.

자원

자원은 인적 자원, 물적 자원, 정보 자원, 제도 자원, 문화 자원으로 구분*되
며, 이 책에서는 물적 자원 중 하나인 '현금과 현물'을 중심으로 이야기합
니다.
자원(현금과 현물)은 응답성(반응)과 항상성(반응 유지)의 지속 가능성이 담
보되도록 성장시켜야 합니다. 이를 위해서는 개인이 아닌 조직이, 관리가
아닌 관계가 지속될 수 있는 절차, 인력, 예산이 담보된 체계가 구축되어
야 합니다.

---

* 엄미선 외, 《사회복지 자원개발론》(2009), 대왕사, 22~29쪽

모금이라고 하면 대부분 '힘들다, 어렵다, 부담된다, 무조건 나가야 한다, 압박이다, 두렵다, 맨땅에 헤딩하는 것 같다, 영업하는 느낌이다'라는 생각이 든다고 합니다. 왜일까요? "기부해주시겠습니까?"라고 말하며 멈칫거리는 나의 모습, 곤혹스러워하는 상대의 모습이 떠오르기 때문입니다. 우리가 떠올리는 모금은 이처럼 '돈'을 요청하는 순간의 경험과 상상으로 각인되어 있습니다.

모금은 조직의 미션과 비전에서 출발합니다. 미션과 비전이 기반이 되는 목적사업을 포함한 것이 바로 모금명분입니다. 그다음에는 이러한 명분에 공감하고 지지하는 기부자를 찾아야 합니다. 기부자를 무턱대고 찾아나서기보다는 우리 조직의 이해관계자 안에서 찾을 때 가장 적극적이고 건강한 기부자를 만날 수 있습니다. 따라서 이해관계자 그룹을 먼저 점검하고 이 중에서 타깃 기부자 그룹을 확대해 나가야 합니다. 타깃 기부자 그룹을 기반으로 방법을 기획하고 방법에 맞는 요청(도구와 메시지)을 합니다. 기부자의 신뢰와 성장을 위한 기부자 관계예우정책을 실천합니다. 이 모금과정은 다음 그림과 같습니다.

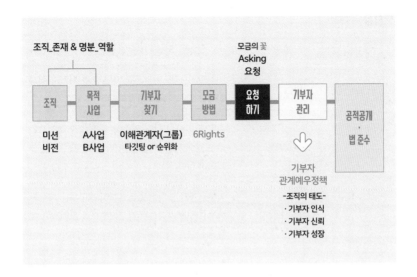

✔ 모금활동의 특징

모금활동은 비영리조직과 동일한 가치를 공유하는 사람들을 찾아내고 이들과 관계를 통해 가치를 확산하는 과정*입니다. 따라서 모금은 기부자와의 관계 유지와 증진을 통해 지속적이고 반복적인 자원을 이끌어내는 것이 중요**합니다. 즉 모금은 관계의 부산물이라고 정의***될 정도로 가치와 관계가 소통의 중심이 됩니다.

<hr>

* 케이 스프링켈 그레이스, 《비영리기관의 모금》(2000), 나눔의집
** 긴은하 외, 《한국의 기부문화와 성공적인 모금사례》(2004), 사회복지공동모금회
*** Kelly. K. S., 《Effective Fund-Rasing Management》(1998), 2nd eds, Mahawah, LEA

모금활동 과정*

구분	과정	과정 내용
모금 명분	미션·비전	조직의 미션과 비전은 조직의 존재 가치와 정체성이자 모금활동의 출발점이다.
	목적사업	조직의 미션·비전이 기반이 된 정관상 목적사업은 모금의 명분이 되며, 지역사회의 욕구가 반영되어야 한다.
기부자 이해	기부자 찾기	이해관계자를 기반으로 조직이 추구하는 가치와 목적사업에 공감하는 잠재기부자를 확인하고 이를 목록으로 정리한다.
	모금 방법	확인된 잠재기부자에 맞는 모금방식을 구축한다. 온라인, 이벤트, 캠페인 등과 같은 참여 활동과 기부 채널을 준비한다.
실행	요청하기	6Rights**에 따라 요청한다.
연대	기부자 관계예우정책	기부자와의 커뮤니케이션을 통해 예우하고 신뢰를 쌓아 성장하기 위한 정책이다. 감사, 보고, 참여, 안내 등 다양한 활동이 포함된다.
	공적공개 및 법 준수	관계 법령에 따른 보고와 신고, 기부자와 이해관계자에게 성과 보고와 평가, 예산지원기관***에 대한 기부금 사용 보고와 사업 성과 보고, 공익법인 회계신고 등이다.

* 모금활동 과정: 국내외 단행본을 통합해 활동과정을 정리한 것으로, 품질개선 기법인 6시그마 방법론을 결합시킨 《모금활동 과정》(정현경, 2013)과 모금활동의 순환적 측면, 조직과 이해관계자들의 역할과 책무를 중심으로 모금활동을 설명하고 있는 《The Process of Development》(비케이 안, 2012)를 참고했다.

** 6Rights: Right Person, Right Prospect, Right Project, Right Time, Right Way, Right Amount

*** 예산지원기관: 사회복지조직의 경우 대부분 지자체를 통해 '보조금'의 형태로 받으며, 특정 목적사업비를 지원하는 주체 기관에서 요구하는 것을 의미한다.

조직에서는 모금을 '사업'으로 인식하고 인정해야 합니다. 따라서 개인이 아닌 조직 차원에서, 개발 관리가 아닌 기부자와의 관계가 지속될 수 있도록 모금 절차, 모금 인력, 모금 예산이라는 3요소를 갖추어야 합니다.

모금 친화적인 조직을 위해서는 모금과정이 공유되고 정기적으로 소통이 이루어져야 합니다. 이런 기회를 의도적으로 만들면 가장 좋지만, 이렇게 하는 것이 어렵다면 T/F팀(Task Force Team)을 만들거나 모금 담당자, 사업 운영 담당자, 혹은 배분 담당사 간 협업을 통해 '담당자의 모금'이 아닌 '조직의 모금'이 되도록 해야 합니다.

⊕ 참고 **경기도사회복지협의회 후원 모금(모금 시작 방법) 영상**

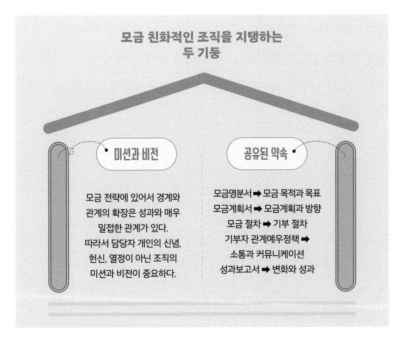

👁️ 보인다 보여

✔ 동기 부여: 이유에 미쳐야 한다.

목표보다는 명분과 목적이 중요합니다. 얼마를 모으는 것보다 왜 모아야 하는지를 아는 것이 더 중요합니다. 담당자도 명분과 목적 없이 모금활동을 하고 있는 경우가 많습니다. 그래서 지치게 됩니다. 'Why를 찾아서-명분 찾기 워크숍'을 통해 담당자뿐 아니라 조직 구성원 모두가 우리에게 모금이 왜 필요한지, 얼마를 모아야 하는지, 어떻게 사용할지에 대해 이야기합니다.

✔ 도구: 기부신청서 준비

잠재기부자가 기부를 하겠다고 했을 때 우리는 어떤 도구와 채널로 그 마음을 받나요? 우리의 기부신청서는 건강한가요? 신청 방법은 다양(서면, 온라인)한가요? 기부자 입장에서 편리한가요? 언제든지 제시할 수 있나요?

모금은 경험입니다.

방송모금, 유산기부, 고액기부, 거리모금 등을 통해 모금 성과를 내고 있는 사례를 접하면 부러움과 함께 우리 조직도 이렇게 모금을 하고 싶다는 마음과 어떻게 하면 잘할 수 있을까 하는 궁금증이 앞섭니다.

어떤 방법이든 잘 짜인 전략과 계획, 그리고 그것을 실행할 수 있는 조직의 역량과 예산 지원이 필요합니다. 그러나 더 중요한 것은 조직의 모금 경험입니다. 기부자에게 직접 요청 한 번 하지 않은 담당자가 모금 캠페인을 운영할 수는 없습니다. 몇백만 원이라도 모금을 실행한 조직이 목표액을 높일 수 있습니다.

모금활동 성숙도 5단계*

5단계
Optimizing Process

· 지속적 개선
· 최적화

4단계
Managed Process

· 모금 성과 및 프로세스 결과 수집 및 평가
· 벤치마킹과 개선

3단계
Institutionalized Process

· 모금프로세스 통합
· 기본 표준화
· 문서화

2단계
Structured Process

· 공통 프로세스 정의 및 개발 필요성 인식
· 기본 모금 프로세스 구축 반복 및 성공 경험 누적

1단계
Initial Process

· 모금 중요성 인식
· 기본 모금 개념 이해
· 임기응변적 모금프로세스
· 모금 아이디어 선정 시스템 부재(중요 인물의 결정에 의함)

* CFRE 김현수

우리는 왜 하는가?
[목적과 조직화]

- 우리 조직의 미션과 비전은 무엇인가?
- 우리의 목적사업은 무엇인가?
- 목적사업 수행을 위해 무엇이 필요한가?
- 어떤 자원이 필요하고 얼마나 부족한가?(T/F팀 과제 양식)

우리의 현재 수준은 어떠한가?
[개발과 관리]

- 모금활동을 하기 위한 모금과정의 체계화 수준은 어느 정도인가?
- 기부자 현황(인원 수, 기부 동기, 연계성 확인 등)은 어떠한가?
- 조직과 사업의 강점, 차별성은 무엇인가?
- 개발을 위해 우리는 어떤 전략을 사용해야 하는가?
- 기부자 관계예우정책의 현 수준은 어떠하며 보완해야 할 점은 무엇인가?
- 조직 구성원의 역할은 어떻게 나누어야 하는가?

모금사업 기획

- 구체적인 사업과 세부 내용은 무엇인가?
- 기부자, 이해관계자의 히스토리는 어떠한가?
- 기부 요청 대상에 대한 이해는 어느 정도인가?
- 모금방식과 메시지는 무엇이 좋을까?

기부 참여 프로그램 구상

- 기부자 입장에서 고민하는 것이 중요
- 기부가 필요한 우리의 이유는?
- 사업을 통한 수혜 대상자의 삶의 변화는 무엇인가?
- 사람들은 왜 이 사업에 참여해야 하는가?
- 기부 참여 프로그램 명명(T/F팀 과제 양식)

⊕ 참고 T/F팀 과제 양식 예시

[어떤 자원이 필요하고 얼마나 부족한가?]

연번	1	2
목적사업 범주	기능 보강	프로그램
사업명	노후화된 경로식당 부분 리모델링 공사	장애아동 및 가족 2박 3일 나들이
주요 내용	경로식당 내벽 공사 및 집기류 교체	저소득 장애아동 10가정 힐링 프로그램
전체 예산	1,000만 원	250만 원
필요 예산	1,500만 원	400만 원
부족 예산	500만 원	150만 원
세부 사유	테이블(6인용) 및 의자 구입 비용 부족	숙박비(2박) 및 차량 대여비 부족

⊕ 참고 T/F팀 과제 양식 예시

[기부 참여 프로그램]

연번	1	2
목적 사업 범주	기능 보강	프로그램
사업명	노후화된 경로식당 부분 리모델링 공사	장애 아동 및 가족 2박 3일 나들이
명명 기부 참여 프로그램	어르신 행복 둥지	우리 함께 떠나휴(休)
세부 내용 (목적, 내용, 대 상, 필요 자원, 참여 내용)	· 목적: 청결한 식사 공간 조성 · 내용: 식당 내벽 공사 및 집기류 교체 · 대상: 저소득 어르신 60명 · 필요 자원: 테이블(6인용) 10개, 　의자 60개 · 참여 내용: 경로식당 물품 구입을 위한 기 　부금/물품 후원	· 목적: 장애아동 및 보호자 쉼과 힐링 · 내용: 숲 치유 프로그램, 가족애(愛) 강화 　프로그램 등 · 대상: 장애아동 가정 10가정 총 30명 · 필요 자원: 이동용 버스, 숙박비 등 · 참여 내용: 버스 대여 및 숙박비 지원을 위 　한 기부금 / 버스 지원
기부자 타깃	· 인근 가구거리 업체 약 15곳 · 기존 고액기부자 13명	· 지역 내 버스 대여업체 · 나들이 장소 숙박업체 · 기존 소액기부자 120명
기부자 관계예우 정책	· 경로식당 입구 기부 현판 제작 및 　부착(5년) · 기부자 예우 체계에 따른 적용 　(고액기부자) · 언론 홍보	· 나눔업체 판넬 제작 및 지원 · 기부자 예우 체계에 따른 적용 　(일시기부자) · 홈페이지 및 SNS 홍보
개발전략	· 기존 고액기부자 연락 및 미팅: 관리자 · 가구거리 입주업체 개발: 담당 팀	· 기존 소액기부자 연락 및 요청: 담당 팀 · 버스 및 숙박업체 조사: ○○팀 · 업체 방문 및 요청: T/F팀

○ 모금사업

모금사업은 5단계로 구성할 수 있습니다. 우리 조직이 이 과정을 얼마나 충실히 지키고 있는지, 하지 않거나 부족하거나 반대로 너무 과하게 집중하고 있는 부분은 없는지 확인하기 바랍니다. 모금사업은 조직의 규모와 환경에 따라 구성하면 됩니다.

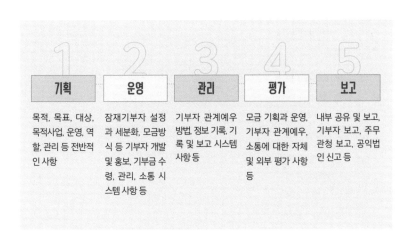

◎ 모금사업 점검 워크숍

우리 조직의 모금사업이 잘 진행되고 있는지, 어떤 어려움이 있는지, 구성원들과 어느 정도 공유하고 있는지 점검하는 시간을 가져볼 것을 추천

합니다. 아래 표와 같은 ERRC* 기법을 사용하면 도움이 됩니다.

순서	내용	우리 조직 부분별 내용	Eliminate (제거)	Reduce (감소)	Raise (증가)	Create (창조)
기획	목적, 목표, 대상, 목적사업, 운영, 역할, 관리 등 전반적인 사항					
운영	기부 요청 대상자 설정과 세분화, 모금방식 등 기부자 개발 및 홍보, 기부금 수령, 관리, 소통 시스템 사항 등					
관리	기부자 관계예우 방법, 정보 기록, 기록 및 보고 시스템 사항 등					
평가	모금 기획과 운영, 기부자 관계 예우, 소통에 대한 자체 및 외부 평가 사항 등					
보고	내부 공유 및 보고, 기부자 보고, 주무관청 보고, 공익법인 신고 등					

* ERRC는 Eliminate(제거), Reduce(감소), Raise(증가), Create(창조)의 머리글자로, 해당 주제나 현상에 대한 부분을 검토하고 보완·개선하는 데 유용한 방법이다.

모금 명분서

모금명분서
(Case Statement)

모금 이유
모금의 필요성과 정당성

기부 이유
기부의 필요성과 당위성

조직 → 모금명분서 ← 기부자

우리의 가치와 기부자의 가치 사이의 교환을 요청하는 제안서

우리의 활동과 기부자의 활동을 함께 의미 있게 만드는 방법에 관한 설명서

모금명분서 활용

모금활동 방향

조직의 공동 언어와 공동 행동

기부자 안내서

모금활동 기본서

교육자료

요청자료

모금명분서에는 모금의 필요성과 정당성이라는 조직의 이유와 기부의 필요성과 당위성이라는 기부자의 이유가 함께 담겨 있습니다. 따라서 조직의 미션·비전에 기반을 둔 모금활동의 목적, 목표, 실행, 방향을 논리적으로 기술하되, 그 내용이 일관되고 명료하며, 다른 모금명분과 차별되어야 합니다. 그러면서도 기부자의 공감과 참여를 끌어낼 수 있도록 해야 하기에 모금명분서를 만들어낸다는 것은 매우 어려운 작업입니다.

⊘ 결과보다는 과정이 중요

- 우리에게 왜 모금이 필요한지를 확인하고 공유
- 조직의 목적, 목표, 현재 필요 재원 수준 인식
- 모금활동에 대한 구성원의 역할을 생각하고 합의
- 모금활동과 관련된 다양한 정보와 도구를 학습하고 훈련
- 우리의 정체성과 나아갈 방향성
- 과정에서 만들어지는 자긍심과 자신감

⊘ 누가 읽을 것인가?

- 누구나 쉽게 이해할 수 있는 단어와 문장 사용
- 이해를 돕기 위한 '사례', '스토리텔링', '사진', '데이터' 등 활용
- 적절한 정보: 조직, 사업, 필요 재원, 해결 방안, 참여 방법
- 필요성과 당위성을 위하여 논리적으로 전개
- 기부자의 반응 요소

- 시의성: 시의적절한가?

- 긴급성: 긴급한가?

- 공감성: 특정 대상, 특정 상황에 대한 공감

- 결과성: 결과물이 명확하게 보이는가?

- 책임성: 공동체로서 책무

• 모금명분서의 전체를 관통하는 특정 메시지 필요

◎ 어떻게 사용될까?

내부적으로는 사업계획서를 작성하거나 모금활동의 방향성을 확인하는 소통 도구, 교육자료로 활용할 수 있으며, 외부적으로는 단체 소개서, 홍보자료, 제안서로 활용할 수 있는 모금활동과 관련된 기본 자료입니다.

- 구성원 전체가 참여: 전체 참여가 어렵다면 별도 T/F팀 구성
- 리더 그룹과 이사진이 반드시 참여할 것
- 기부자 그룹과 이해관계자 그룹 참여도 필요
- 조직 구성원 의견 수렴과 외부 모니터링을 포함하여 제작

◎ 정기적으로 확인하고 발전

모금명분서는 한 번 만드는 것으로 끝이 아닙니다. 정기적인 점검을 통해
계속 발전시켜야 합니다.

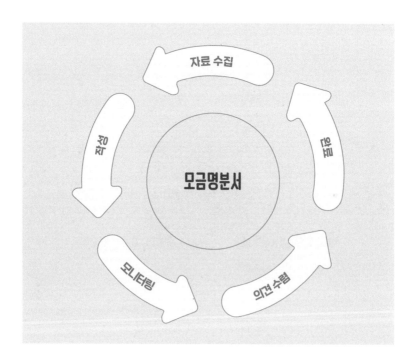

모금명분서 작성을 위해 필요한 자료

모금명분서를 작성하려면 조직에 대해 이해하고, 조직의 역할, 그리고 목적사업 실행과 실적에 대한 조직의 과거·현재·미래를 알아야 합니다.
이를 위해 준비하고 검토해야 할 자료는 다음과 같습니다.

☐ 홍보물
☐ 소식지
☐ 뉴스레터
☐ 연차보고서
☐ 성과보고서
☐ 언론 보도

☐ 기부자 현황
☐ 잠재기부자 분석
☐ 기부자 관계예우정책

☐ 사업(목적, 목표) 관련 자료
☐ 정기총회 자료(사업계획 및 사업 결과 등)
☐ 지역과 사회적 환경 관련 자료

☐ 설립문서
☐ 조직 이력
☐ 인적 구성(이사회 등)
☐ 재정 상황

☐ 조직의 브랜드
☐ 전문성
☐ 차별성
☐ 강점

구성	세부 내용		메시지
존재 이유	미션·비전 목적사업	⇨	**우리가 해야 합니다.**
조직 소개	설립 목적 역사와 성과 법적 지위 시설 규모 인력구조(이사회, 구성원, 회원 및 기부자 등) 재무구조 조직 전문성(강점과 차별성)	⇨	**우리는 잘할 수 있습니다.**
사업 안내	목적 목표 대상(수혜자) 방법 예산	⇨	**무엇을 어떻게 할 것입니다.**
사회 연관성	사회적 필요 지역사회 공동체	⇨	**사회 변화가 필요합니다.**
기부자	기부 방법 기부자 관계예우정책	⇨	**당신과 함께하겠습니다.**

※ 순서와 요소는 조직에 따라 다르게 구성될 수 있습니다.

👁 보인다 보여

✔ 모금명분서와 모금계획서의 차이

모금명분서는 모금활동에 대한 안내서(외부)이고, 모금계획서는 조직이 모금활동을 실행하는 지도(내부)입니다. 일반적으로 조직의 미션·비전을 이루기 위한 중장기 발전을 위한 대규모 프로젝트나 캠페인(거액집중모금*) 을 위해 제작되기도 하지만 일상적인 연중모금**을 위해 제작되기도 합니다.

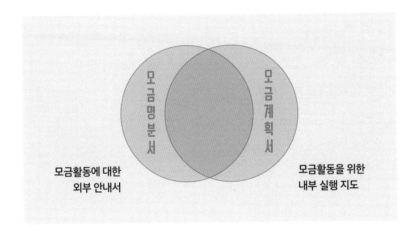

모금활동에 대한 외부 안내서

모금활동을 위한 내부 실행 지도

---

* 거액집중모금(Capital Campaign): 특정 필요에 의해 특정 금액을 모금하는 것으로, 조직에서 수행할 수 있는 가장 큰 캠페인
** 연중모금(Annual Fund): 조직의 운영비나 일상적인 프로그램 비용에 대한 모금으로, 일시·정기를 모두 포함

'모금명분서 제작'이라고 하면 구성원들이 지레 겁을 먹거나 거부감을 가집니다. 따라서 아래 제시된 질문들을 구성원들과 함께 토론하면서 두려움을 감소시키고 함께할 수 있는 기반을 만들기를 제안합니다.

✔ 우리 조직은 왜 존재하고 어떤 역할을 수행하는가-미션·비전, 법적 지위

✔ 우리는 무엇을 하고 있었고, 무엇을 하고 있나-목적사업

✔ 어떤 사업을 하고 있나-목적, 목표, 수혜 대상자, 변화

✔ 우리는 누구와 함께하고 있나-이사회, 위원회, 기부자, 이해관계자

✔ 우리는 어디에서 일하고 있나-지역사회 특징과 사회적 환경

✔ 우리의 재무구조는 어떠한가-세입, 세출

✔ 우리는 누구인가-전문성, 강점, 차별성

✔ 우리는 무엇을 꿈꾸는가-성과, 변화

모금
계획서

계획은 하나의 지도입니다. 어디로, 왜, 얼마만큼, 어떻게, 누가, 어떤 역할로 걸어가는지를 알려주는 이정표입니다. 따라서 모금계획서를 만들기 위해서는 내부적으로 다음 질문에 대한 답이 준비되어야 합니다.

□ 왜 모금을 해야 하는 걸까?

□ 모금사업 이름을 무엇으로 할까?

□ 기관에서 명확하게 보여주고 싶은 가치 또는 변화는 무엇인가?

□ 무엇(누구)을 위해 하는 걸까?

□ 모금은 얼마나 해야 하는가?

□ 연속성 모금인가? 단발성 모금인가?

□ 누가 실행할까?

□ 비용(예산)을 얼마나 사용할까?

□ 전체 추진 일정은 언제부터 언제까지로 해야 할까?

□ 누구에게 요청해야 할까?

□ 어느 장소에서 모금을 해야 할까?

□ 어떤 방법으로 실행할까?

□ 모금을 위한 홍보는 어떤 방법으로 할까?

□ 어떤 도구를 사용할까?

□ 기부 승낙 후, 담당자는 기부자에게 어떤 정보를 주고 기관에서는 어떤 후속 작업을 해야 할까?

□ 기부 거절 후, 담당자는 기부자에게 어떤 메시지를 전달하고 기관에서는 어떤 후속 작업을 해야 할까?

모금계획서(양식1) 구성

구분	내용
모금사업명	모금 상품이나 사업 명칭
주제 표어	대표 가치(주제) 메시지
목적	모금을 하는 이유, 구체적인 사업이나 사례
목표액	해당 목적을 달성하기 위한 모금 목표액
기간	모금기간
잠재기부자	'누구에게 요청할 것인가' 조직에 따라 신규 개발, 기존기부자 증액으로 구분
모금방식	캠페인 모금, 온라인모금, 거리모금, 대면모금, 모금 이벤트 등
필요 메시지	가치, 옹호, 긴급 등 목적이 잘 표현된 메시지 개발
도구	홍보물, 기부신청서 등 기부자에게 요청할 때 사용하는 Fundraising Kit
수령 처리	기부금 수령 방법으로 자동이체, 핸드폰, 신용카드 등 결제 시스템
기부자 관리	기부 의사에 따라 기부자 개인정보를 포함한 기부자 관리 정보
기부자 관계예우	인식, 신뢰, 성장을 위한 소통 방식, 시기, 내용
정보 기록	기부자 정보를 기록하는 방식과 기록자 지정
역할	모금과정에 필요한 업무를 구분하고 담당자 지정

모금계획서

구분	내용
모금사업명	
주제 표어	
목적	
목표액	
기간	
잠재기부자	
모금방식	
필요 메시지	
도구	
수령 처리	
기부자 관리	
기부자 관계예우	
정보 기록	
역할	

구분	주제	질문	Tip
모금 명분	모금 목적	왜 모금을 해야 하는 걸까?	조직의 미션·비전과 목적사업 중 우선순위 선정
	모금사업명	모금사업 이름을 무엇으로 할까?	사업 대상과 이유 포함
	모금 메시지	명확하게 보여주고 싶은 가치는?	의미 전달을 위한 슬로건
	대상과 사업	무엇(누구)을 위해 하는 걸까?	구체성 필요
	모금 목표액	얼마나 필요한가?	처음 시작하는 조직일수록 너무 높은 목표를 잡지 않도록 설정
	모금사업 기간	모금사업 전체 일정과 주기는?	연중인지, 일시인지
	모금 책임과 실행	누가 실행하나?	업무 분장(리더십, 이사회, 봉사자 등)
	전체 사업 예산	비용이 얼마나 사용되나?	
	추진 일정	전체 추진 일정	
기부자 이해	기부 요청 대상	누구에게 요청해야 할까?	
	모금장소	어느 장소에서 모금을 해야 할까?	
	모금방식	어떤 방법으로 실행할까?	온라인/오프라인 채널로 구분
	모금 홍보	모금을 위한 홍보는?	사용 중인 SNS 활용 포함
	준비물	어떤 도구를 사용할까?	Fundraising Kit 모금을 위한 필요 자료 포함
관리	기부자 · 잠재기부자 관계예우정책	기부 승낙 후, 담당자는 기부자에게 어떤 정보를 제공하고 기관에서는 어떤 후속 작업을 해야할까? 기부 거절 후, 담당자는 기부자에게 어떤 메시지를 전달하고 기관에서는 어떤 후속작업을 해야할까?	기부자 관계예우정책(인식, 신뢰, 성장)은 정기성과 지속성을 염두에 두고, 사업에 따라 별도로 구성

모금계획서

구분	주제	질문	Tip
모금 명분	모금 목적		
	모금사업명		
	모금 메시지		
	대상과 사업		
	모금 목표액		
	모금사업 기간		
	모금 책임과 실행		
	전체 사업 예산		
	추진 일정		
기부자 이해	기부 요청 대상		
	모금장소		
	모금방식		
	모금 홍보		
	준비물		
관리	기부자 · 잠재기부자 관계예우정책		

특정 사업이나 목표에 대한 모금계획이 있는 반면, 기관의 고유 목적사업과 운영을 위해 일상적이고 연속적인 모금을 진행할 경우 다음에 제안하는 사전 분석을 한 후 모금계획을 수립하면 도움이 됩니다.

✔ 이전 모금사업 사전 분석
- 모금활동 중 가장 성과가 높았던 방식
- 기부자가 많이 참여한 모금방식
- 조직 협업이 가장 잘 이루어졌던 모금방식
- 기부자 증가 요인: 시기, 이유, 방식 등
- 이해관계자 분석
- 지역사회 특징: 인구 분포, 지역 상가, 브랜드, 지역 특성 등

✔ 주요 계획 내용

구분	주요 내용 예시	설명
사업명	○○○○년도 자원개발(모금) 사업계획	해당 연도가 포함된 연례 모금계획
목적	○○○○○을 위한 ○○○○○○ 기금 마련	모금 사업계획에 대한 실현하고자 하는 방향을 설정하여 지원 대상에 대한 동기와 이유가 담겨 있도록 함
목표	- 신규 정기기부자 ○○○ 개발 - 정기기부자 증액 ○○○ 개발 - 지역 내 후원 단체 ○○ 개발 - 특별 행사 ○○회 진행 - 저금통 ○○○ 배포 - 공모사업 제안서 ○○ 지원 - 기업연계 활동 ○○ 진행	기부 금액, 기부자 수, 모금방식의 확대 등을 목표로 설정할 수 있음

구분	주요 내용 예시	설명
기간	○○월 ~ ○○월	
예산	○○○○○○○○○원	모금사업 수행을 위한 지출 예산
대상	지역사회	모금활동 지역이나 네트워크
담당	담당자	해당 부서 및 책임자 기록
모금방식	대면모금, 바자회, 온라인모금, 지역 상가 순회 등	목표와 타깃에 따라 모금방식 설정 다양한 방식과 채널을 통합하여 구성 가능
세부 추진 내용	1. 신규 정기기부자 개발 　- 프로그램 참여자 중심으로 기부 요청 2. 정기기부자 증액 개발 　- 정기기부 만료 안내를 통한 증액 요청 3. 지역 내 후원 단체 개발 　- 나눔상가 브랜드 홍보를 통한 요청 4. 특별 행사 진행 　- 바자회 실시 5. 공모사업 제안서 지원 　- 특화 프로그램, 절기 프로그램을 위한 제안 6. 기업연계 활동 　- 기존 참여 기업에 추가 활동 요청	각 항목별 실행 시기와 만료 시기 포함 각 항목별 조직 내 담당자를 정하 여 진행
평가 방식	목표 대비 결과 평가	단순 정량적 평가

✔ 기타 사항

- 조직 내 협업을 위한 준비, 시스템 구축, 홍보 활동 강화, 인쇄물 제작, 모금규정 및 매뉴얼 제작, 기부자 관계예우정책 수립 등 모금사업 활성화를 위한 다양한 목표 설정을 포함하여 연차적으로 실행해야 합니다.
- 계획 수립 이후 정기적으로 조직 구성원 전체가 모여 점검하는 시간을 갖도록 하며, 이를 통해 모금사업을 수정(또는 변경)하도록 합니다.

○ 모금사업의
역할과 책임

모금사업을 할 때 분야별 역할과 책임 소재가 명확해야 조직적으로 실행
할 수 있습니다.

모금사업 관리 측면에서는

계획된 기간 내에
주어진 예산과 인력을 가지고

조직의 역량과 환경 안에서
이해관계자와의 관계를 증진하며

조직 구성원이 자신의 전문성을 기반으로
사명을 가지고 활동하면서

조직이 지향하는 가치가
지역사회에 확산되어 이를 지지하는 사람들이
신뢰를 가지고 성장할 수 있도록 해야 합니다.

⊘ 분야와 역할

분야	역할
책임	모금사업 전체를 책임지고 방향성을 잃지 않도록 하는 역할
홍보	이해관계자, 언론 등 대외적인 홍보(콘텐츠 개발, 작성, 배포)를 담당
개발	모금사업을 기획하고 개발하는 역할
운영	모금사업을 운영하고 현장에서 직접 모금하는 역할 및 자원봉사자 관리
데이터 분석	모금사업과 관련 있는 정보를 확인하고, 기부자와 잠재기부자의 현황을 파악 및 분석
관리	기부금품 관리의 역할
관계예우	기부자 관계예우 역할
배분	자원 배분 역할
회계	기부금 수입 지출, 신고, 기부금품 영수 처리

※ 조직에 따라 구분을 더 넓게 혹은 더 세세하게 할 수 있습니다. 그러나 책임자는 명확해야 합니다.

○ 조직화

모금은 담당자 혼자서도 할 수 있지만

함께한다면 더 큰 힘으로 오래 갈 수 있습니다.

조직화를 통해 모금의 지속 가능성과 안정성을 높이고,

담당자를 돕는 아군을 만들어갑니다.

◎ 모금 활성화를 위한 외부 조직화

비영리조직의 미션과 비전은 나와 주민, 그리고 우리가 이루는 공동체의 삶을 이야기하고 있습니다. 주민, 기부자와 모금 조직, 기부자와 도움을 받는 당사자 등 각자의 힘보다는 모두가 함께 이뤄내는 연대를 통한 성장이 필요합니다.

단순히 돈이 아닌 사람을 모으는 모금, 인간다운 삶을 생각하는 조직화된 사람 중심의 모금, 그리고 이러한 올바른 의식들이 지속적 행동으로 옮겨져 실현될 수 있는 지속 가능성은 모금과 조직화 모두에게 중요합니다.

모금과 조직화는 나와 공동체의 삶과 맞닿아 있는 조직의 미션과 비전 측면에서, 연대를 통한 성장 측면에서, 그리고 사람 중심과 지속 가능성이라는 방향성의 일치라는 측면에서 모두 연계해야 할 필요성이 충분합니다.

단, 어떤 유형 또는 목적의 조직화가 더 필요한지, 어느 것을 먼저 시작할

것인지는 전적으로 지역의 상황과 조건에 달려 있으며, 각 유형의 조직화
는 하나의 완결된 구조로 끝나지 않고, 상호 연결되고 순환하면서 지속
가능한 활동들을 만들어갑니다.

복지권	연대	사회운동
주체적인 삶 (우리 삶은 우리가 책임진다.)	**공동체** (인간은 함께 살아가는 것)	**민주주의** (모든 권력은 주민으로부터 나온다.)
의식화 (주민의식이 주민(主民)을 만든다.)	**세력화** (모여진 힘(power)이 변화를 만든다.)	**인간화** (인간은 인간답게 살아야 한다.)

※ 표 안에 있는 '주체적인 삶·공동체·민주주의·의식화·세력화·인간화'의 정의는 한국주민운동
교육원의《주민운동의 힘, 조직화-CO방법론》(2015)의 18~19쪽과 22~23쪽에서 발췌한 것
입니다.

ⓔ 조직화를 위한 주요 전략

- 모금의 가치와 목적을 공유하는 것에서 출발
- 돈보다는 사람의 연대활동 과정을 공유
- 조직이나 모금가의 일방적인 제안보다는 처음 기획 단계부터 함께 참
  여시킴으로써 주인 의식을 함양(여건상 참여가 어려울 경우 적극적으로 의견
  이 반영되도록 하여 소속감을 증대)
- 모금활동 사항에 대한 피드백과 진행에 대한 공유
- 진심에서 우러나오는 지속적인 감사와 격려(동기 부여)

✔ 모금위원회 구성

거액 모금을 위한 위원회에는 각 조직의 최고 리더도 참여하는 것이 좋습니다. 혼자서 할 수 있는 조직화가 아니기에 위원들의 자발적이고 적극적인 참여가 필요합니다.

- 모금사업에 대한 관심이나 지식이 없는 위원: 모금위원회의 명확한 역할과 중요성, 필요성에 대한 교육 필요
- 적극적인 참여가 기대되는 위원: 해당 모금위원이 기부 참여의 선행(先行) 모델이 될 수 있도록 요청(다른 위원들의 기부 참여에 동기 부여)

✔ 모금 자원봉사단 조직

모금 자원봉사자들이 직접 모금에 참여하는 방식과 간접적으로 참여하는 방식이 있습니다.

■ **직접 방식:** 활동가들이 전화모금, 거리모금 캠페인, 온라인모금, 후원물품 개발 등 직접 대면·비대면 모금활동에 참여하는 경우입니다.

① 활동 전: 활동가들에게 활동하는 기관과 모금활동에 대한 명확한 이해를 돕기 위한 오리엔테이션을 반드시 실시합니다.

② 활동 초기: 다양한 활동들을 경험하도록 하면서 모금 성과보다는 교육적인 측면에 보다 중점을 둡니다. 이때 모금활동에 대한 교육은 전체가 아닌 개별 활동별로 진행합니다. 모금활동가들의 언행이 그 조직을 대표하는 것이며, 동기 부여 측면에서도 더 도움이 됩니다.

③ 활동 중: 활동가들의 역량과 선호도에 따라 적합한 모금활동을 선택할 수 있도록 진행합니다. 활동가들의 만족도와 모금 성과를 높일 수 있는 좋은 방법입니다.

④ 주의점: 활동 성과에 대한 높은 기대치는 활동가들의 활동 종결 사유가 될 수 있으므로 모금가는 적당한 수준에서 만족하는 것이 필요합니다. 다른 봉사활동에 비해 상대적으로 감사 인사나 칭찬을 받을 기회가 적으므로 조직이나 담당자 차원에서의 감사와 격려는 활동의 지속성을 유지하는 데 중요합니다.

■ **간접 방식:** 활동가들이 기부자 예우를 위한 서신 발송, 물품 판매 지원, 행정 업무 지원 등을 통해 모금활동에 참여하는 경우입니다.

① 적용: 해당 모임 안에서 리더 세우기, 회칙 만들기, 선포식 또는 개소식 개최, 비전 수립, 정기 회의, 활동 의미 찾기 등 튼실한 주민 모임에서 적용하는 활동들을 조직의 상황과 조직화의 방향성에 따라 선택하여 진행할 수 있습니다.

② 주의점: 활동가들이 목적과 방향을 잃거나 개별 활동의 의미를 찾지 못하는 상황이 발생할 수 있으므로 활동 모임의 필요성과 개별 활동에 대한 의미와 중요성을 지속적으로 인식시키는 것이 중요합니다.

✔ 모금 중심의 사회복지현장실습 운영

> **사회복지현장실습***
>
> 사회복지 실천의 가치 및 윤리, 지식 그리고 사회복지 실천 과정 및 기술을 사회복지 실천 현장에 실제로 적용하는 현장실습을 통해 전문직의 사명감과 실천 능력을 겸비한 사회복지사를 교육, 훈련하는 사회복지 교육의 핵심 과정입니다.

■ 필요성

① 대학교: 모금 관련 수업 부재 및 모금 전공 교수의 부족

② 사회복지 현장: 모금 관련 전문 슈퍼비전을 줄 수 있는 슈퍼바이저의 부족

③ 실습생: 과거 대비 모금에 대한 사회복지학과생들의 관심 증대, 모금 조직(재단)으로의 취업 희망자 증대

■ 사전 준비

① 자원개발의 목적과 범위 명확히 하기: 모금 중심 실습의 필요성과 다른 실습과의 연관성 고려

② 실습 과정을 통해 사회복지 사업과 모금을 함께 이해할 수 있도록 설계

③ 기관에서 실제 운영하고 있는 자원개발 사업과 연계: 구체적인 자원개발 사업을 이해하고 실습할 수 있도록 준비, 실습생을 활용한 신규 모금 활동은 사회복지현장실습의 교육 및 훈련이라는 목적과 부합하지 않음

---

* 《사회복지 교과목지침서》(2022), 한국사회복지교육협의회, 65쪽
《사회복지현장실습 및 자격제도 개선 방향 연구》(2018), 한국사회복지사협회, 12쪽

④ 자원개발 담당자가 영역을 담당하여 슈퍼비전을 줄 수 있도록 설계

⑤ 모금활동보다는 현장의 이해와 훈련 경험이 중심이 되도록 기획

■ 운영 과정

설계 및 실습생 모집 ⇒ 이론 교육 ⇒ 현장실습(기부자 개발 → 기부자 예우 순 / 개별 모금활동별 교육 → 실습) ⇒ 개별 모금활동 평가 및 전체 평가

※ 실습생 모집 시, 모금 중심의 실습 운영에 대한 사전 안내가 필요합니다.

⊕ 참고 모금 중심의 실습 운영 내용 예시

교육	개발(교육 + 실습)	예우	평가

- 모금의 이해
- 물적 자원개발과
  기부자 예우
- 후원 관련 행정의
  이해
	- 동전 모금함 개발
	  및 관리
	- 온라인모금
	- 전화모금
	- 대면모금 후원금품
	  개발
	- 기업 대상 제안서
	  작성
	- 정기후원자 개발
	  캠페인
		- 후원자 감사 선물
		  만들기
		- 후원자 감사 서신
		  작성
			- 개별 모금활동
			  평가
			- 전체 평가

✔ **자원개발 실무자 네트워크**

소규모 비영리조직 내 모금 담당자는 관리자로부터 전문적인 슈퍼비전을 받는 것에 많은 제약이 있습니다. 외부 교육이나 자문, 컨설팅은 일회성으로 진행되는 경우가 많으므로 자원개발 담당자 간 네트워크를 통해 부족한 부분을 보완할 수 있습니다.

■ 준비

① 지리적 접근성이 뛰어나고 사업의 성격이 유사한 기관의 실무자와 소통

② 구심점 역할을 할 수 있는 슈퍼바이저급 실무자 섭외

③ 실행력을 담보하기 위한 대표 실무자 선정

■ 운영

① 네트워크의 방향성 수립

② 대면·비대면 회의 구조 마련

③ 주요 내용: 물어보고 답하기, 공유하고 서로 챙겨주기, 함께 공부하고 성장하기, 나누기

◎ 모금 활성화를 위한 구성원의 역량 향상(조직력 강화)

모금은 리더나 모금 담당자만의 열정과 능력으로는 할 수 없습니다. 조직 전체가 협업하여 활동해야 좋은 성과를 낼 수 있습니다. 모금 활성화를 위한 조직 구성원을 고양시키는 방법은 다음과 같습니다.

✔ 정보 공유

관심이 없어서 혹은 내 일이 아니라는 생각으로 참여를 하지 않는 것이 아닙니다. 의외로 정보를 모르기 때문이기도 합니다. 모금이 우리 조직에 어떤 역할을 하는지, 우리의 재무 여건과 상황은 어떠한지, 어떤 사업에 사용되는지를 깊이 있게 나누고 토론하는 기회를 제공해야 합니다.

✔ 독립 사업으로 인식

모금사업은 부수적인 사업이라는 인식이 강하여 업무 우선순위에서 밀리는 일이 많습니다. 따라서 독립 사업으로서 예산과 담당 업무가 명확하게 편성되어야 하며 그에 맞는 업무 규정이 있어야 합니다. 그리고 그 업무를 할 수 있도록 권한과 책임이 부여된 업무 시간 배정이 보장되어야 합니다.

✔ 연계 사업으로서의 부서별 역할 배정

모금 성과는 조직 전체의 사업 결과와 유기적으로 통합되어야 합니다. 개발과 배분은 다르지만 배분에 따른 변화는 개발에 매우 중요한 요인이 됩니다. 또한 기부금 수령, 사용, 기록, 보고, 신고도 개발과 조직 신뢰성에 영향을 줍니다. 따라서 조직 전체로 분할된 역할에 대한 이해와 정보 공유 형태가 수시 혹은 정기적으로 이루어져야 합니다.

✔ 기부자 이해

기부자 소통과 관계는 특정 담당자의 역량에 의존하기보다는 조직 전체와의 소통과 관계가 되도록 해야 합니다. 전화 문의, 게시판 답변, 정보 변경 등 일상에서 일어나는 기부자 응대에 대한 조직 대응은 신속하고 정확하며 전문적인 정보와 진정성이 담겨 있어야 합니다. 이를 위해 '기부자의 질문' 워크숍을 진행하길 권합니다. 기부자의 질문을 통해 기부자의 궁금증을 함께 토론하고 함께 답변을 준비해보기 바랍니다. 그래야 조직 구성원들이 기부자를 이해하고, 담당자의 어려움에도 공감할 수 있습니다.

✔ **외부 전문가 활용**

앞서 이야기한 것들은 자체적으로 운영될 수도 있으나, 외부 전문가의 도움을 받아 진행하면 보다 체계적이고 전문적인 가이드를 받을 수 있습니다.

✔ **모금의 의미와 역할이 지향하는 가치**

모금은 조직 운영과 목적사업을 위한 단순한 재정적 보조가 아닙니다. 조직이 지향하는 가치가 모여지는 장(場)이며, 가치를 확산하기 위함임을 잊지 말아야 합니다.

✔ **리더! 리더! 리더!**

- 정보: 리더가 모금사업을 알아야 합니다.
- 실천: 리더가 앞장서야 합니다.
- 책임: 리더가 감당합니다.

✔ **윤리**

우리는 공익을 지향하는 공익 활동 전문가입니다. 이에 걸맞은 윤리 의식과 책무를 가지고 활동합니다. '윤리'가 우리의 자신감이며 전문성입니다.

○ 모금활동 평가하기

모금 실행이 끝났거나 목표액이 달성되었다면 이제 남은 것은 평가입니다. 평가는 계획 대비 결과에 대한 평가로 기부자 모니터링, 조직원 모니터링 등 정성 평가와 정량 평가를 모두 포함합니다.

평가는 주로 정량 평가로 진행합니다. 하지만 수치상 목표를 달성했는가 혹은 실패했는가에만 주목하기보다는 목표를 달성했다면 달성 요인을, 목표 달성에 실패했다면 실패의 요인을 살피는 정성 평가에도 주목해야 합니다.

기부자 찾기, 기부자 개발, 모금방식, 요청, 기관의 관계예우 시스템에 대해 조직원들과 인터뷰합니다. 경우에 따라 기부자에게 설문을 통해 확인할 수도 있습니다.

성공 요인은 강화하고, 실패 요인은 제거해 다음 모금 기획이나 계획에 꼭 반영해야 합니다. 또한 모금은 매우 연속적인 사업입니다. 따라서 지속 가능성을 염두에 두고 평가하는 것이 바람직합니다.

⊙ 평가에 대한 기준과 세부 내용

평가 구분	달성 기준	세부 내용
모금 목표	기부자	신규와 재기부에 대한 부분으로 구분하여 기록
	기부금	신규, 재기부, 정기, 일시 부분으로 구분하여 기록
	사업비	재원이 사용될 해당 사업비 확보를 기준으로 기록
사업 목적	인식과 확산	사업 목적에 대한 인식과 확산을 기준으로 기록
	적합성	사업 목적에 부합한 모금과정이었나?
운영	역량	우리 조직의 역량에 적합하였나?
	인력 구성	이사회 및 자원봉사자와의 역할과 관계는 어떠하였는가?
	역할	내부 구성원의 역할은 적절하게 배치·배정되었나?
	일정	계획된 일정에 따라 진행되었나?
	예산	모금사업에 투입된 예산은 적정하였나?
	메시지	모금 목적과 전달하는 메시지의 반응은 어떠하였는가?
	방식	모금방식이 적합하였나? 방식별 모금액은 다른가?
	소통	내부 구성원, 이해관계자, 기부자에게 가장 필요한 정보는 무엇이었을까? 어떤 부분의 소통과 관계가 보완되어야 할까?
	운영 평가	전체 운영상 가장 보완이 필요한 부분은 무엇인가? 왜 그런가?
관리	규정과 매뉴얼	규정과 매뉴얼에 의해 수행되었는가? 미비, 보완, 수정되어야 될 부분이 있는가?
	기부자 관계예우정책	기부자 관계예우정책에 대해 미비, 보완, 수정할 부분이 있는가?

평가 구분	달성 기준	세부 내용
윤리	윤리 기준	정리된 윤리 기준과 규정이 있는가?
	개방적 구조	발생한 윤리적 갈등에 대해 이야기할 수 있는 개방적 구조인가?
지속 가능성	기록	기록에 대한 미비, 보완, 수정이 필요한가?
	이해관계자	이해관계자가 수적으로 확대되고, 관계의 질이 심화되었는가?

◎ 그 밖의 다양한 평가 사례

- 모금 목표 달성 평가는 일반적으로 계획 대비 평가
- 이전 모금사업 성과나 타 기관 유사 사업 성과와의 비교 평가
- 모금사업에 지출된 예산을 비교하여 순수 모금액을 평가
- 모금 목표 대비 모금액 비율로 평가
- 모금액에 따른 비용 계산에 의한 효율성 평가

- 기부자 비율($\dfrac{기부자}{전체\ 기부\ 요청자}$) 평가

- 평균 기부 금액 ($\dfrac{모금액}{기부자\ 수}$) 평가

- 기부 건당 평균 비용 ($\dfrac{모금\ 비용}{기부자\ 수}$) 평가

- 잠재기부자 요청 횟수 및 제안 횟수 평가

3

개발

모금이 '미션과 비전을 함께 이루어가는
기부자'를 찾는 것이라면
기부는 '의미 있는 사회 참여'입니다.

따라서 참여를 통한
기부 경험이 지속적으로
이어지도록 해야 합니다.

모금(기부자 개발) 방식

모금방식은 모금 방법, 모금 채널이라고 표현되기도 합니다. 모금방식 구분, 채널, 유형의 범주는 기관의 규모와 모금 목적, 기부자 대상 등에 따라 적절하게 구성할 수 있습니다. 하나의 방식이 아닌 다양한 방식을 함께 사용하기도 합니다. 이때 대상과 시기의 적절성을 함께 고민해야 합니다.

"모금방식은 대상과 시기의 적절성을 함께 고민해야 합니다."

- **적은 예산으로 큰 효과를 예측할 수 있는 방식**

- **모금 성격에 따라** 소액모금, 고액모금, 정기모금, 일시모금, 프로젝트 모금 등

- **모금사업의 목적 및 특성과 연계되는 방식**(환경, 동물, 인권 등)

- **모금명분의 차별성에 따라** 긴급성, 시기성, 공감성 등

- **모금 목표액에 따라** 개인 대상 모금, 단체 대상 모금, 기업 대상 모금 등

- **우리 조직의 역량**(예산, 인력, 시스템, 전문 분야 등)에 따라 결정

- **우리 조직에서 기존에 사용하고 있었던 방식**을 보완, 강화

- **기부자 유형에 따라** 정기기부자 모집, 일시기부자 모집 등

- **타깃 기부자군(群)성향에 따라** 집단의 특성(연령, 거주 지역, 관심사, 성격 등) 분석

- **타깃 기부자군(群)과의 관계 친밀도에 따라** 방식을 결정

- **내부 및 외부 자원을 동원하여** 가장 효과적으로 사용할 수 있는 방식 결정

- **특정 모금방식 전문가 집단과 연계 가능성 분석**

- **모금방식의 패키지 가능 여부 분석**(온라인모금, 모금 상품, 편지 모금, 이벤트 모금 등)

- **특별행사를 기획할 때** 모금, 단체 브랜드 확장, 목적사업 홍보, 이해관계자 확대 등의 다양한 목표를 동시에 설정

다양한 모금방식 사례

기부자 직접 요청	대면모금(F2F), 방문 모금, 전화모금, 편지 모금, 이메일 모금 등
단체 매체 이용	홈페이지, SNS, 뉴스레터, 소식지 등
참여 방식 요청	나눔 교육, 저금통 모금, 행사 모금, 프로그램 참여, 현장 방문, 기관 초청 등
이벤트	일일호프, 음악회, 전시회, 골프대회, 바자회, 경매, 후원의 밤 등
상품 및 서비스 구매 요청	모금 상품(자선아이템) 판매 등(78쪽 참조)
캠페인성 요청	거리모금 등
언론모금	방송모금, 기획 기사 연재 모금 등
기부포털 모금	해피빈, 카카오같이가치, 사랑의열매, 아름인(신한카드), Love Fatory(롯데카드), 바스켓 등

✓	기업연계 모금	기업 사회공헌, 제휴 모금, 판매 모금(판매 이익 및 제품의 매칭 기부 형태)
✓	크라우드펀딩	해피빈, 와디즈, 오마이컴퍼니, 텀블벅, 크라우디, gofundme(고펀드미), 메이크스타 등
✓	애플리케이션	기부어클락, 소셜워크, 캐시워크, 캐시슬라이드 스텝업, 빅워크 등
✓	기부자 모임 결성	초록우산 멤버스, 유니세프 후원회, 고액기부클럽 등(80쪽 참조)
✓	기타	기념 기부, 팬클럽 모금, 지원사업 및 공모전 제안

◎ 기부자 참여 프로그램 방식

기부자들은 기부금을 내는 단순한 활동 외에도 단체가 주관하는 행사에 참여하는 등 다양한 방법으로 기부단체와 소통하고 함께하려는 욕구가 있습니다. 이를 반영한다면 기부의 지속성과 모금 활성화에 긍정적인 영향을 가져올 수 있습니다.

나눔활동 참여	기부단체에 방문하여 다양한 나눔활동에 참여하는 모임 결성
자원봉사 활동 참여	자원봉사단 결성 및 활동, 기부자 합창단 등
결연 후원 당사자 만남	주로 해외, 후원 당사자와의 만남, 현지 문화 체험 및 봉사활동, 지역 개발 사업 현장 주민과의 교류 활동 등
재능기부 참여	회원 및 결연 아동 간 서신 번역, 스타들의 재능기부 공연 및 애장품 판매 등
기부단체 활동 모니터링	기부단체의 관련 서비스 및 온·오프라인 활동 모니터링
기부단체 활동 홍보	온·오프라인 활동을 통한 기부단체 홍보(기부자 홍보단 활동, 대학생 서포터즈 등)
기부자 개발 및 추천	기존 후원자가 주변에 기부 추천 활동 진행(후원회 활동 등)
감사 이벤트	후원자 감사의 밤 등에 참여
문화 이벤트	문화 공연(영화 시사회, 토크 콘서트 등) 초대 및 할인, 문화 예술 교육 및 인재 양성 후원금을 지원받는 아동의 재능 발표회, 온라인 이벤트(기부 프로그램, 퀴즈 이벤트 등 다양한 주제로 진행) 등
기념 기부	기부자의 특별한 날(생일, 결혼 등)을 기념하기 위한 기부 활동

⊙ 기부 프로그램 기획 시 고려할 점

✔ **Win-Win 효과:** 기부를 실천하는 기부자, 모금활동을 하는 비영리조직, 지원을 받는 당사자 개인 및 단체 등 기부 행위와 관련된 모든 주체들에게 긍정적인 결과를 가져올 수 있는지 점검합니다.

✔ **지속 가능성:** 우리가 행하고 있는 의미 있는 목적사업을 안정적으로 운영하기 위해 선행되어야 할 첫 번째 노력이 모금입니다. 때문에 모든 기부 프로그램은 지속 가능성을 내포하고 있어야 합니다. 일회성 이벤트 성격의 기부 프로그램일지라도 정기기부로의 전환, 재기부, 증액 기부 등 후속 활동을 염두에 두고 진행할 필요가 있습니다.

✔ **실현 가능성:** 아무리 잘 기획된 기부 프로그램일지라도 조직의 역량을 넘어서는 프로그램의 실현 가능성은 낮을 수밖에 없습니다. 모금 담당자, 전담 부서, 조직 전체를 명확하게 바라보는 것, 즉 우리 스스로를 진단하는 작업이 선행되어야 합니다.

✔ **소명헌장, 비전, 가치:** 모금 성과와 창의적인 기부 프로그램만을 고민하다 보면 우리 조직의 색깔과 어울리지 않는 기부 프로그램이 만들어지기도 합니다. 우리 조직의 소명헌장, 비전, 가치와 부합하는지 점검이 필요합니다. 때로는 우리 조직의 날것 그대로의 모습에서 가장 창의적인 기부 프로그램이 탄생할 수 있습니다.

단체명	캠페인명	목적	수단	단위
월드비전	Give a nice day	난민 아동 후원 팔찌 판매 수익금 기부	액세서리	매월 2만 원 정기후원
유니세프 한국위원회	Team 팔찌	해외 아동 지원	액세서리	최소 1만 원 정기후원
초록우산 어린이재단	초록우산 Dream 키링	해외 아동 지원	열쇠고리	매월 3만 원 정기후원, 일시후원 3만 원
	찬스팔찌	국내 아동 지원	액세서리	
	아프리카 어린이의 배움을 응원하는 피크닉백	아프리카 아동 교육 지원	에코백	
세이브더 칠드런 코리아	신생아 살리기 캠페인	해외 신생아 체온 유지를 위한 털모자 재료 판매 및 물품 기부	제작 키트	개당 1만 8,000원
굿피플 인터내셔널	아프리카를 담은 에코백 '키텡백'	케냐 은구니 지역 식수사업 펀딩 캠페인	에코백	3만 5,000원

* 《한국의 기부방식 변화에 대한 연구》(2002), 아름다운재단, 43쪽

단체명	캠페인명	목적	수단	단위
굿네이버스	지원국의 이름을 붙인 이야기 시리즈 캠페인	니제르, 몽골, 캄보디아, 베트남, 말라위, 탄자니아 지원	각국의 공예품 에코백	가격 상이
사랑의 달팽이	립뷰 마스크 DIY키트	청각장애인을 위한 입술이 보이는 마스크 제작 키트	제작 키트	
한국컴패션	컴패션 스토어	물품 구매 수익금 기부 또는 직접 구매 물품 기부	자체 제작 상품	
바보의나눔	바보의 나눔	바보의 나눔 공모배분 사업 기부	우산	2만 원 이상 기부

주요 NPO 고액기부클럽 운영 현황[*]

단체명	클럽명	프로그램 소개
사회복지 공동모금회	아너소사이어티	1억 원 이상 기부 또는 5년 이내 납부 약정 고액기부자 모임
	나눔리더	100만 원 이상 기부 또는 1년 이내 납부 약정 개인 기부자
	리더스클럽	3년 내 1,000만 원 일시 혹은 약정 기부하는 모임
월드비전	밥피어스아너클럽	1억 원 이상 기부 또는 약정한 개인
	비전소사이어티	1,000만 원 이상 후원한 개인
유니세프 한국위원회	아너스클럽	1억 원 이상 즉시 기부 또는 5년 이내 1억 원 기부 약정한 개인
초록우산 어린이재단	그린 노블클럽	1억 원 이상 기부 또는 약정한 개인
세이브더 칠드런코리아	아너스클럽	3,000만 원 이상 기부 또는 약정한 개인
한국국제 기아대책기구	필란트로피클럽	1억 원 이상 기부 또는 약정한 개인
	에클레시아클럽	1억 원 이상 기부 또는 약정한 교회 단체
대한적십자사	레드크로스 아너스 클럽(RCHC)	누적 1억 원 기부 및 약정한 개인
	법인단체 고액 기부 모임(RCSV)	법인단체 고액(1억 원 이상) 기부 모임
	레드크로스 기빙클럽	100만 원 이상 기부 또는 약정한 법인, 개인
밀알복지재단	밀알 컴패니언클럽	5년 내 1억 원 이상 기부 또는 약정
홀트 아동복지회	탑리더스	고액후원자 모임
플랜 한국위원회	플랜 아너스클럽	1억 원 이상 기부 또는 약정

[*] 《한국의 기부방식 변화에 대한 연구》(2022), 아름다운재단, 44쪽

단체명	클럽명	프로그램 소개
굿피플 인터내셔널	아너스클럽	1,000만 원 이상 후원한 개인 및 5,000만 원 이상 기부 기업
굿네이버스	더네이버스클럽	1,000만 원 이상 기부 또는 약정한 개인
한국 해비타트	더 프리미어 골든해머	누적 1억 원 이상 후원자, 월 200만 원 5년 정기후원 약정자
승가원	명예평생후원가족	누적 1,000만 원 이상 기부 또는 유산기부한 개인 및 기업
바보의나눔	바보파밀리아	고액기부 또는 10년 이상 정기기부
푸르메재단	더미라클스	5년간 1억 원 이상을 기부 혹은 약정한 개인
사랑의달팽이	소울리더	일시 또는 누적 기부 금액 9,900만 원 이상 개인 후원자
	소울-the Fan	9,900만 원 이상 후원한 고액 후원 팬클럽

⊕ 참고 **기부방식**[**]

다음 표는 아름다운재단에서 연구한 '한국의 기부방식 변화'에 대한 연구 내용입니다. '한국의 기부문화 조망 20년' 연구와 전문가 그룹 인터뷰, 기관 자료 수집, 국제 비교를 통해 총 10가지의 한국의 기부방식(giving vehicle)을 선정하였습니다. 앞서 제시한 모금방식과 유사할 수도 있으나, 기부자 입장에서의 '방식' 관점을 이해하는 맥락에서 소개합니다.

[**] 《한국의 기부방식 변화에 대한 연구》(2022), 아름다운재단, 13쪽

ARS (Automatic Response Service)	TV나 라디오 등 공중파에서 모금 사례와 함께 전화번호를 노출하여 전화 한 통으로 간편하게 기부에 참여할 수 있는 방식
지로 (Giro)	공과금이나 기타 요금 납부를 효율적으로 하기 위해 만든 일종의 결제 수단
거리모금 (Street Donation)	거리에서 대면하여 바로 현금을 기부하는 방식
대면모금 (Face to Face-Pledge)	거리에서 직접 대면하여 현금이 아닌 기부 약정서를 받는 방식
P2P (Peer to Peer)	개인 및 비공식 집단이 자선적(Philanthropy) 목적으로 모금을 개설하고 그 모금의 과정과 결과가 SNS를 통해 확산되어 기부자가 자발적으로 기부하는 방식
크라우드펀딩 (Crowd Funding)	크라우드펀딩 사이트를 통해 온라인으로 기부하는 방식
자선아이템* 구입	모금단체가 자선아이템을 제작, 판매하여 수익금을 기부받는 방식
팬덤기부	팬덤의 사회 참여 일환으로 팬클럽 내에서 자발적으로 모금하여 기부하는 활동
고액기부클럽	고액기부클럽은 일정한 금액 이상을 일시 또는 약정하여 납부하는 기부자 모임
유산기부	생전에 유산기부를 약정하고 사후 유산을 기부하는 방식

* 자선아이템을 후원아이템, 기부아이템으로 표기하기도 함

온라인모금

'온라인모금'은 단순히 해피빈, 카카오같이가치 등의 플랫폼을 활용한 모금이 아니라 모금의 전 과정을 온라인(디지털)화하는 것을 말합니다. 온라인모금은 '모금의 한 종류'라기보다 '모금의 한 채널'이라고 정의해봅니다. '종류'라고 하면 온라인모금과 오프라인모금, 이 둘로 나눠야 할 것 같지만 '채널'이라 하면 모금의 큰 전체 안에 소통할 수 있는 여러 창구 중 하나라고 생각할 수 있습니다. 온라인모금을 별개의 모금으로 가져가기보다는 우리 조직(기관)의 모금에서 하나의 채널로 가져가며 상황에 따라 유연하게 사용한다면 더 큰 효과를 발휘할 수 있습니다.

⊘ 온라인모금의 유익

- 기부자의 접근성과 편의성이 높습니다. 기부자가 어디에 있든지 온라인으로 접근하여 몇 번의 클릭만으로 기부할 수 있습니다.
- 모금 콘텐츠가 빠르게 확산되면 불특정 다수의 많은 사람들에게 노출됩니다.
- 디지털 기기만 가지고 있다면 언제 어디서나 소통이 가능합니다.
- 콘텐츠 제작과 수정에 대한 부담이 적고 새로 제작되거나 수정된 콘텐츠를 바로 적용할 수 있습니다.

- 온라인상 기부 신청이 가능하도록 준비되어 있다면 다른 모금사업도 함께 동일한 채널로 기부받을 수 있습니다.
- 다양한 캠페인 활동과 연결할 수 있는 확장성이 있습니다.
- 사회 전반의 디지털화에 따라 온라인모금의 성장 가능성은 높아지고 있습니다.
- 동일한 모금사업이라도 콘텐츠, 메시지, 잠재기부자 그룹에 따라 참여에 대한 다양한 반응을 이끌어낼 수 있습니다.

◉ 온라인모금 실행

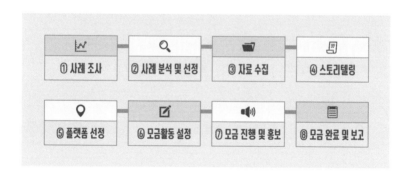

| ① 사례 조사 | ② 사례 분석 및 선정 | ③ 자료 수집 | ④ 스토리텔링 |
| ⑤ 플랫폼 선정 | ⑥ 모금활동 설정 | ⑦ 모금 진행 및 홍보 | ⑧ 모금 완료 및 보고 |

① **사례 조사:** 온라인모금이 필요한 사업(목적과 대상)을 조사합니다. 사업, 대상, 이유, 목적, 활용에 대한 온라인모금계획서를 한 장 분량으로 작성합니다.

② **사례 분석 및 선정:** 사례를 분석하여 우선순위를 정합니다. 긴급성이 우선이겠지만 시의성, 모금액 등 몇 가지 기준에 따라 결정합니다.

③ **자료 수집:** 선정된 사례와 관련된 모든 종류의 자료를 수집합니다. 내부 기록을 포함하여 객관적인 근거가 되는 현황, 통계, 사진, 영상 등

자료를 수집합니다.

④ **스토리텔링:** 수집된 자료를 기반으로 이야기를 구성합니다. 제목과 내용의 배치를 고려하고 공감과 참여를 이끌어내는 스토리를 만듭니다.

⑤ **플랫폼 선정:** 선정된 사례와 스토리텔링에 적합한 플랫폼을 선정합니다. 플랫폼에 따라 온라인모금 광고 형식이 다를 수 있으므로 플랫폼에서 요구하는 전략적 수정이 필요합니다.

⑥ **모금활동 설정:** 목표액, 기간, 보고 방법을 정합니다. 카카오같이가치, 해피빈 등의 플랫폼을 사용할 때는 모금기간이 최소 30일입니다. 모금 프로젝트의 시기와 성격을 파악해서 모금을 설정해야 합니다.

⑦ **모금 진행 및 홍보:** 기관에서 활용할 수 있는 모든 채널을 이용하여 URL(링크) 등을 확산합니다.

⑧ **모금 완료 및 보고:** 모금이 완료되면 계획과 종료 시점의 모금액을 비교하고 상황에 따라 계획을 수정합니다. 기부자들에게 결과를 공유하고, 온라인모금 평가를 진행합니다.

⊘ 온라인모금 플랫폼 비교

온라인모금은 기존의 홈페이지를 활용하는 방법, 해피빈이나 카카오같이가치 같은 온라인모금 플랫폼을 이용하는 방법, 블로그나 홈페이지 옆 배너를 이용하는 방법, 이메일을 활용한 방법 등이 있습니다.

각 유형에 따라 접근 방법과 활용할 수 있는 콘텐츠는 다양합니다. 홈페이지나 배너처럼 형식화되지 않고 각각의 사이트마다 특색이 다른 온라인모금 플랫폼은 크게 2가지로 나눌 수 있습니다.

| 기부형
(순수 기부) | 예) 사각지대 독거노인의 생활비 지원을 위한 기부 |
| 리워드형
(상품 보상) | 예) 지체장애인의 자립을 돕기 위한 수제 잼 판매 |

기부형 플랫폼일 경우 순수한 기부만 할 수 있습니다. 대표적인 예로 네이버 해피빈과 카카오같이가치가 있습니다. 우리가 흔히 아는 '기부'를 온라인상에서 각각의 콘텐츠들을 보고 결정한다고 할 수 있습니다(네이버 해피빈, 카카오같이가치, 바스켓, 기브어클락 등).

리워드형 플랫폼은 기부하면 '리워드'를 받는 형식입니다. 기부자는 기부와 동시에 가치 있는 소비 활동을 한다고 인식할 수 있습니다. 사회적 기업이나 협동조합, 그리고 자활센터 등에서 많이 시도하는 모금입니다. 물론 리워드 형태이다 보니 꼭 공익적인 뜻을 가진 단체가 아닌 스타트업에서도 '크라우드펀딩'을 목적으로 많이 지원합니다(네이버 해피빈, 오마이컴퍼니, 텀블벅, 와디즈 등).

플랫폼 중에서 기부형과 리워드형, 모두 할 수 있는 플랫폼은 '네이버 해피빈'입니다. 우리나라에서 가장 오래된 플랫폼 중 하나이며 누적 금액이 가장 큰 곳이기도 합니다. 기부형과 리워드형 둘 다 할 수 있어서 한 조직(기관)에서 두 종류의 모금을 운영한다고 하면 한 번에 관리할 수 있어서 편리합니다. 또한 우리나라 대표 검색포털인 '네이버'의 인지도로 홍보 효과를 누릴 수 있습니다.

기부형 모금 플랫폼에서 한 가지 추천하는 플랫폼을 뽑자면 단연 '카카오 같이가치'입니다. 댓글, 좋아요, 공유하기 등 참여형 기부가 어떤 플랫폼 보다도 잘되어 있습니다. 실제로 댓글, 좋아요, 공유하기를 누르면 카카오 그룹에서 100원씩 후원해주게 됩니다(1인 최대 600원 후원 가능). 이것이 재미있어서 참여하는 기부자들이 많습니다. 또한 우리나라 대표 SNS인 '카카오톡'과 같은 아이디를 사용하고, 모금 진행 소식 및 결과 보고를 카카오톡 메시지로 편하게 보낼 수 있다는 장점도 있습니다.

⊘ 온라인모금 성과를 높이는 팁

- ✔ **오늘 시작하라:** 시작이 반입니다. 지금 당장 '온라인모금계획서'를 써 보세요.
- ✔ **'온라인모금' 중심으로 생각하라:** 온라인모금과 연결될 수 있는 모든 아이디어를 찾는 습관을 들이기 바랍니다.
- ✔ **특정 시기를 활용하라:** 같은 것을 공감할 수 있는 시의성을 적절히 활용하는 것도 방법입니다.
- ✔ **적극적으로 피드백하라:** 온라인모금의 유익 중 하나는 소통의 편리함과 신속성입니다. 이러한 유익을 잘 활용하고 정기적으로 확인할 수 있도록 합시다.
- ✔ **따라하라:** 모방은 창조의 어머니입니다. 고민하고 있는 프로젝트와 연관된 주제어를 온라인모금 플랫폼에서 검색하시면 많은 양의 사례가 펼쳐집니다. 선행(先行) 사례를 통해 창조하세요.
- ✔ **혼자 하지 말고 함께하라:** 조직의 구성원, 자원봉사자, 기부자 등과 함께

온라인모금을 추진해야 합니다. 인력과 예산이 부족한 소규모 조직일수록 함께해야 합니다.

⊘ 온라인모금을 위한 기관의 준비

단계	내용	실행 주체
준비	온라인모금 선행 사례 연구	담당자
	학습하기	관할 부서
	T/F팀 만들기	조직
계획	온라인모금을 위한 자료 조사	T/F팀
	온라인모금계획서 만들기	담당자·T/F팀
실행	정기적으로 확인 점검	
	진행 상황 공유와 성과를 위한 지원 모색	
종료	기부자 보고 및 평가	

⊘ 온라인모금을 진행하고 있는 조직을 위한 조언

• 조직은 담당자에게만 맡기지 말고 전체 구성원이 참여할 수 있도록 해야 합니다. 함께한다는 느낌은 매우 중요합니다. 이를 위해 온라인모금 프로젝트에 대해 정기적으로 이야기할 수 있고 역할을 나눌 수 있는 기회를 제공해야 합니다.

• 모금 목적 및 목표에 대한 동기를 지속적으로 불어넣어 주세요. 재원을

통해 조직의 미션·비전을 이루어내는 궁극적인 방향성을 잃지 않도록 해야 합니다.

- 단순하게 '개발'을 위한 온라인모금이 아닌 모금활동의 디지털 전환이 이루어지도록 시스템 변화가 필요합니다. 사업, 이해관계자와의 소통, 자원개발, 연대 등 모든 것이 연결될 수 있도록 시스템 구축이 필요합니다.

- 온라인모금, 디지털화를 위한 전문 역량을 갖출 수 있도록 지원해주세요. 생각과 정보의 수준, 그것을 실천할 수 있는 기술이 필요합니다.

- 실패의 기회를 주세요. 실패가 두려워지면 시도할 수 없습니다. 실패는 더 큰 성공을 약속할 수 있습니다.

◎ 윤리적인 온라인모금을 위한 5가지 원칙*

정체성 확립	최신 정보 & 정확성	정직	투명성	선택권 제공
Establish Your Identity	Clear and Current	Honesty	Transparency	Options
• 기부자는 우리가 무엇을 위해 이 일을 하는지, 왜 해야 하는지를 확인할 수 있어야함 • 미션·비전, 목적 사업, 법적 지위 등	• 최신의 정보, 정확한 정보 제공 • 기관의 법적 지위, 사업활동, 자금활용, 세금 공제 등 • 연차보고서 게시	• 기부 목적으로만 사용 • 모금 & 기부 과정 • 기부자 개인정보 관리 사항	• 개인정보보호정책 • 온라인 기부에 따른 기부자 금융 및 개인정보보호 시스템 확인	• 원하는 커뮤니케이션을 선택할 수 있도록 사전 안내 제공 • 데이터 공유

---

* https://www.nonprofitpro.com/post/5-best-practices-ethical-online-fundraising

⊕ 참고 온라인모금계획서 예시

온라인모금계획서

1. 목적	궁극적으로 원하는 바(담당자가 온라인모금을 통해 이루고 싶은 사항) 초복을 맞아 어르신들에게 보양식이 될 만한 맛있는 삼계탕 대접하기

2. 목표	아이템 삼계탕	목표 금액 150만 원	대략적인 산출 근거 100명(경로식당 어르신) ×1만 5,000원 =150만 원

3. 방법
(업무분장)

모금 완료일: 7월 16일(화), 모금기간: 30일, 60일, 90일

사전 조사 -담당: 이병헌	스토리텔링 -담당: 이병헌	사진 촬영 -담당: 강동원	모금 시작
4월 18일(월)	5월 25일(수)	5월 31일(화)	6월 16일(목)

4. 고민 사항	삼계탕을 드시지 못하는 어르신들을 위한 대안 방법 고민

5. 성과 창출	기관이 원하는 바(인지도, 사람, 효과성 등) 파급 효과를 낼 수 있는 방법 1. 온라인모금(카카오같이가치) 목표 금액 100% 달성하기 2. 지역신문에 뉴스를 올려 추가 후원 연결하기

6. 주의 사항	-의미와 즐거움 잃지 않기 　(그냥 해야 되니까가 아니라 의미와 즐거움을 어떻게 해서든 부여하기 / 반드시 찾을 수 있음) -기관과 개인의 자산(경험: 노하우)으로 만들기 　(InPUT이 있었으면 반드시 OutPUT을 만들어라!)

온라인모금 연간계획서

일정	담당부서/ 담당자	기획 주제	주요 준비사항	비고
1월	사례관리팀/설경구	겨울철 온수매트 지원	온수매트 없는 가정 조사	
2월				
3월	서비스제공팀/마동석	한글교실 어르신 학용품 지원	필요 학용품 사전 조사 등	
4월	지역조직화팀/안성기	어린이 원탁회의 진행	대형 원탁 대여 가격 조사	
5월				
6월	서비스제공팀/마동석	경계선지적기능 청소년직업탐구워크숍	필요 예산 파악	
7월	사례관리팀/강동원	여름철 에어컨 설치 지원	냉방기기가 없는 가정 조사	
8월	서비스제공팀/이병헌	어르신 초복 삼계탕 대접	당사자 조사, 업체 선정 등	
9월				
10월	서비스제공팀/이병헌	추석맞이 1인 가구 명절음식 지원	가족과 연결이 끊어진 1인 가구 조사	
11월				
12월	사례관리팀/강동원	크리스마스 어린이 꿈 지원	꿈과 연결된 물품 조사	

○ 후원의 밤

？ 후원의 밤 행사, 어떻게 해야 하나요?

⋯ 목적과 목표 그리고 기부자 입장에서의 '왜'가 필요합니다.

기관 차원의 목적과 목표, '왜'라는 이유와 더불어 사람들이 함께 참여
해야 하는 명분이 포함되어야 합니다. 특정 대상자의 결핍이나 기관의
사업비, 운영비에 대한 목적과 목표에 대한 부분만을 앞세우기보다는
우리가 함께해야 하는 이유, 사회적 역할과 변화에 대한 연대적 이유
가 필요합니다.

⋯ 누구와 함께하시겠습니까?

기존기부자를 포함하여 우리에게 기부할 가능성이 있는 모든 이해관
계자 그룹을 찾아내야 합니다. 멋진 '후원의 밤' 행사를 만들었는데 정
작 참여하는 사람이 없다면 어떨까요? 이 멋진 '후원의 밤'에 대해 아
무도 모른다면요?

⋯ '후원의 밤'을 어떤 방식으로 해야 할까요?

'누구와 함께하시겠습니까?'가 선명해야 방식을 논의할 수 있습니다.

이해관계자들의 활동 범위, 선호도를 확인합니다. 특히 요즘과 같은 비대면이 일상화되어 있는 사회라면 온라인 방식이 적합할 수 있습니다. 그러나 우리의 이해관계자들을 파악했을 때, 이들이 온라인보다는 대면이 익숙하다면 횟수를 나누어서 운영해도 됩니다. 꼭 '후원의 밤'을 한 번만 하란 법은 없으니까요.

⋯ 다양한 방식을 함께 만듭니다.

'후원의 밤'뿐만 아니라 다양한 방식의 기부 참여 프로그램 채널을 만드는 것이 필요합니다. '후원의 밤'에 참여하고 싶지만 그럴 수 없는 이들을 위해 온라인 기부, 상품 구매 등 다채로운 참여 방식을 선택할 수 있게 함으로써 참여의 폭을 확장해야 합니다.

⋯ 콘셉트 혹은 메시지

왜(이유), 목적과 목표, 이해관계자, 행사 방식 등 전체를 아우르는 구호나 이미지를 기반으로 전체적인 분위기와 메시지를 잡아 참여한 모든 사람들의 머릿속에 각인되도록 하는 전략도 필요합니다.

⋯ 기존에 유사한 행사를 해봤다면⋯

다시 한번 복기하면서 평가하기 바랍니다. 목표금액에 도달했다 혹은 도달하지 않았다가 아닌, 기획과 운영에 대한 평가입니다. 성공했다면 '왜 성공했는가?' 실패했다면 '왜 실패했는가?'를 찾아내기 바랍니다. 예를 들어 기존에 운영했던 '후원의 밤'이 성공적이었는데 그 요인은 조직 대표의 네트워크였다든가, 기존기부자가 다른 기부자를 참여시켰다든가 하는 이유를 확인하는 것입니다. 성공의 이유가 그러하였다면 이번에도 그 요인을 잘 활용하기 바랍니다.

⋯ 유용한 전략: 자꾸 사람을 모이게 하는 것!

중요한 것은 사람들이 '후원의 밤'이 있다는 것을 알게 하는 것이고, '후원의 밤'에 적극적으로 참여하게 만드는 것입니다. 그러기 위해서는 '후원의 밤' 행사 기획부터 사람들을 참여시켜야 합니다. 즉 플랫폼 전략을 사용해야 합니다. 이사회나 운영위원회, 조직 내 T/F팀 회의, 기부자 모니터링 그룹, 수혜 대상자 가족 모임 등을 수시로 조직하여 '후원의 밤'을 함께 만들어나가는 전략입니다. 사람들은 참여하면서 관심을 갖게 됩니다. 사람들은 자기가 한 말이 성공하기를 바랍니다. 소규모 조직일수록 담당자 개인의 네트워크와 담당자가 열심히 하는 것을 넘어서는 플랫폼 전략을 사용해야 합니다. 묻고, 확인하고, 의견을 요청하고 만들어가야 합니다. 참여한 사람들을 통해 이 일이 확산되도록 해야 합니다.

⋯ 우리는 왜!!! 이해관계자가 거기서 거기일까?

바자회, 일일호프, 후원의 밤 등 참여하는 사람은 많았으나, 해마다 '사람들이 올까? 사람들이 참여할까? 사람들이 알까? 사람들에게 어떻게 알릴까?'를 고민합니다. 하루 행사에 사람들이 오고, 목표한 금액이 채워지고 그리고 다시 잊고, 다음 해에 또 고민합니다. 이것을 해결하려면 오신 분들의 데이터를 잘 기록하고 보관해서 그 데이터를 바탕으로 지속적으로 소통해야 합니다. 기부가 가능한 사람들을 많이 확보하는 것이 모금에 있어서 가장 중요한 전략입니다.

사람
'기부자'

'사람'에 대해 알아야 한다는 것은
일종의 책임과 같은 것입니다.

'기부자'를 알아야
기부자와 적절하고 적합한 정보와 표현으로
소통할 수 있습니다.

소통은 기부자와의 관계를 증진시키는
중요한 열쇠입니다.

모금은 '돈'을 모으는 것이 아니라
'사람'을 모으는 것입니다.

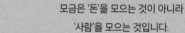

기부자 찾기

기부자 찾기는 잠재기부자가 누구인지를 파악하는 작업입니다. 잠재기부자는 우리에게 기부할 가능성이 있는 대상을 의미합니다. 모금 프로젝트(기부 참여 프로젝트)나 모금 캠페인(기부 캠페인)을 초기 기획하고 계획할 때 설정하여, 대상에 맞는 모금방식과 메시지를 구체화하거나 요청 전략을 세우기도 합니다.

그러나 소규모 단체나 사회복지기관의 경우 모금사업(프로젝트, 캠페인)을 기획하여 운영하기 어려운 환경에 놓여 있고, 그에 맞는 잠재기부자를 찾는 작업도 어렵기 때문에, 일상에서 잠재기부자를 확보하는 것이 중요합니다. 그래서 이 책에서는 잠재기부자라고 하지 않고 '이해관계자'라는 표현을 사용합니다. 우리 조직과 연관된 이해관계자와의 기록과 네트워크를 통해 기부자 그룹으로 유입하는 방식이 적절합니다.

TIP

1. 사람을 찾는다.

기부자 찾기는 '누구에게 요청할 것인가'의 물음입니다. 즉 돈을 주는 '사람'을 찾아야 합니다. 이해관계자는 'Understand'의 개념보다 'Interested'의 개념입니다. 우리 기관 사업에 이해나 연관이 있는 사람입니다. 직원, 이사, 위원, 기부자, 해지기부자, 자원봉사자, 사업이나 프로그램 참여자, 사업 수혜자, 지역 주민, 지역사회가 대상입니다. 이해관계자는 잠재기부자임을 명심해야 합니다.

또한 이해관계자는 모금명분에 공감하거나 관심을 갖고 있는 사람입니다. 그렇다면 모금명분에 공감하거나 관심 있는 사람은 어디서 찾을까요?

✔ 예를 들어 아동과 관련된 사업을 위해 모금을 한다면

아동에 관심을 둘 만한 집단이 누구인가? **엄마**

➡ 엄마는 어디에 있을까? **키즈카페, 문화센터!**

➡ 지역사회에 있는 키즈카페, 문화센터 확인

2. 미리미리 기록한다.

기부자는 무작정 찾는다고 찾아지는 것이 아닙니다. 일상과 업무에 쫓기다 보면 찾을 시간도 부족합니다. 우리 조직과 관련된 이해관계자의 데이터를 꾸준히 만들어놓아야 합니다.

3. 이해관계자의 확산을 위해 우리가 무슨 일을 하는지 관심을 갖게 하는 것이 중요하다.

소식지나 뉴스레터를 보내주고, 이슈 파이팅과 관련된 지지와 응원활동에 동참을 요청하고, 조직에서 진행하는 프로그램에 참여하도록 안내하고, 지역사회 행사에 참여하여 우리를 알리고, 바자회 등 지역사회에서 관심을 가질 만한 사업을 추진하여 이들의 데이터를 모으는 것이 필요합니다.

기관의 이해관계자가 많을수록 더 많은 기부자를 확보할 수 있습니다. 우리가 생각하는 것보다 이해관계자는 매우 많습니다. 단지 찾으려고 애쓰지 않았고, 기록하지 않았을 뿐입니다.

- 구분: 자원봉사자, 프로그램 참여, 방문 등으로 기록
- 성명
- 이메일
- 전화번호
- 주소
- 정보 수신 동의: 정보 수신 동의 여부 확인
- 정보 전달 방식: 문자, 메일, 우편 등으로 구분
- 특이사항: 기관과의 관계 시작, 관심 여부 기록

이해관계자 정보 정리

구분	[예시] 이사 운영위원 자원봉사자 강사 프로그램 참여자 지역 상가 등으로 기록
성명	
이메일	
연락처	
주소	
정보 수신 동의	정보 수신 동의 여부 확인
정보 전달 방식	문자, 메일, 우편 등으로 구분
특이사항	기관과의 관계 시작, 관심 여부, 활동 영역 기록 [예시] ○○마트 어르신 도시락 배달 지원봉사자

기부자를 찾을 때 가장 중요한 기준 LIA

Linkage
연결성

Interest
관심

Ability
기부능력

이 3가지 모두를 갖춘 기부자를 찾는 것은 어렵습니다. 이중에 가장 중요한 요소를 선택한다면 어떤 것을 선택하시겠습니까? 예를 들어봅시다.

첫째, 기부 능력이 있는데 우리에게 관심이 없다.
둘째, 우리와 연결고리는 있는데 우리에게 관심이 없다.
셋째, 우리에게 관심은 있지만 기부할 능력이 적다.

기부할 능력이 적더라도 우리 조직에 대한 관심을 가진 기부자를 찾는 것이 가장 중요합니다. 그래서 'Understand'의 개념보다 'Interested'가 되도록 해야 합니다.

➕ 참고 **잠재기부자 평가서(Prospect Rating Sheet)***

잠재기부자 평가서에는 주로 잠재 고액기부자 대상에 대한 정보와 기관의 연관성, 기부 가능성 등을 기록합니다.

---

* 비케이 안, 《모금학개론》(2020), 한양대학교출판부, 573쪽

잠재기부자 평가서(Prospect Rating Sheet)

작성자 _____

■ 잠재기부자 이름

■ 주소

■ 직업

■ 잠재기부자의 기부 능력을 어떻게 평가하는가?

   높음 _____ 중간 _____ 낮음 _____

■ 잠재기부자는 공영방송에 대해 어느 정도 관심을 보이는가?

   높음 _____ 중간 _____ 낮음 _____

■ 교육에 대해서는 어느 정도 관심을 보이는가?

   높음 _____ 중간 _____ 낮음 _____

■ 당신과 잠재기부자와의 관계는 어떻게 되는가?

   가족 _____ 교회 신도 _____ 이웃 _____ 직장 동료 _____

   자녀를 통해 알게 된 사이 _____ 배우자를 통해 알게 된 사이 _____

■ 잠재기부자와 어느 정도로 가깝게 지내는가?

■ 그 사람을 이 워크숍에 초대할 수 있겠는가?

■ 잠재기부자가 기부에 관심이 있다고 생각한 이유는 무엇인가?

■ 그가 자신의 삶에서 가장 중요하게 여기는 것은 무엇인가?

■ 어떠한 종교적 관점을 가지고 있는가?

■ 현재 어떠한 단체에 기부하고 있는가?

■ 어떤 사람들과 함께 일하고 있는가?

■ 주로 어떤 사람들과 어울려 지내는가?

■ 업무 시간 외에는 어떤 활동을 하는가?

■ 잠재기부자와 우리의 관계는 어떠한가?

⊘ 기부자 목록 작성 양식

구분	성명	주소	연락처	이메일	기부 금액
정기	홍길동	서울 성북구 정릉동 ○○-○○	010-0000-0000	ghdtjqkd@wisi.com	1만 원
수시	이순신	경기도 양주시 신곡동 ○○○-○○	010-0000-0000	dltnstls@ioild.net	50만 원

• 추가사항 예시

  - 구분 사례: 일시, 수시, 정기, 비정기 등 / 개인, 기업, 단체 등 / 납부

    방식 등

  - 인적사항 목록 사례: 소속, 연계자 등

  - 기부금 납부 관련 내용: 은행명, 계좌, 출금 예정일 등

기부 시작일	정기, 비정기	사업 및 프로그램 참여 여부	기부 동기	소통 선호 방식	기타
013. 10. 12.	매월 25일	정기적으로 통합캠프 참여	통합캠프 참여 후 기부 시작	문자, 이메일	통합캠프는 가족과 함께함
018. 12. 25.	비정기	미용봉사 참여	봉사를 시작으로 사업에 관심을 가짐	전화, 대면	명절과 연말에 후원하심

- 사용 목적 내용: 지정, 비지정 등 / ○○사업 지원 표기, 특정 대상자
  (사용처) 표기 등
- 지정사업이나 지정결연일 경우 지원처에 대한 부분은 별도 목록화
  가능

기부자 세분화

기부자를 알아가는 중요한 과정 중에 세분화(segmentation)가 있습니다. 기부자를 세분화하면 언제, 어디서, 누구에게, 무엇을, 어떻게 할 수 있는지 결정할 수 있습니다. 물론 세분화 수준은 조직의 역량(기록, 저장, 분석, 적용)에 따라 다양하게 적용할 수 있습니다.

기부자 세분화에 꼭 필요한 정보

**기부자가
왜 기부하였습니까?**

기부 이유, 기부 동기
(프로그램 참여, 기관 견학,
지인 소개 등) 등

**기부자가 얼마나
기부하였습니까?**

기부 금액, 기부 기간,
기부 빈도 등

**기부자가 앞으로
계속 참여할 만한 이유가
있습니까?**

사업이나 프로그램 참여 사례나
횟수, 경험 등

**기부자가 우리의 정보를
잘 받고 있습니까?**

지역, 주소, 연락처, 이메일,
선호하는 소통 방식(문자, 서신,
전화, 참여 등), 설문지 응답 등

⊕ 참고 **기부자 세분화와 관련하여 학습하면 좋을 자료**

- **《기부자 로열티》**(애드리언 사전트·일레인 제이 공저, 2011, 아름다운재단 기부문화총서 6)

  기부자가 자신이 기부할 기관을 어떻게 선택하고 관계를 형성해나가는지에 대한 기부 행동 심리 분석서입니다. 이를 통해 기관에서는 기부자와의 관계예우에 대한 실용적인 방안을 모색할 수 있습니다.

- **《기부자의 7가지 얼굴》**(러스 앨런 프린스 외, 2015, 아름다운재단 기부문화총서 8)

  미국의 고액기부자를 7가지로 유형화하여 분석한 내용으로, 공동체주의자, 투자자, 사교가, 보은자, 노블레스, 신앙인, 이타주의자로 구분하여 유형별 기부 동기에 대한 이해와 관계 형성에 따른 모금 방법을 제시하고 있습니다.

- **<기부자 관리의 시작, 기부자 세분화>**(나눔연구소 이슈페이퍼 2015년 6월호)

  NPC(New Philanthropy Capital)의 7가지 기부자 유형 세분화 결과 내용을 상세하게 확인할 수 있는 연구서이며, 참여형 기부자(Engaged champion), 충실한 기부자(Loyal supporter), 신념형 기부자(Faith-based donor), 심사숙고형 기부자(Thoughtful philanthropist), 요청 반응형 기부자(Ad hoc giver), 선한 시민형 기부자(Good citizen), 후원자형 기부자(Benefactor)로 구분하고 있습니다.

- **기부 유형 테스트**

  비영리 역량 강화를 위한 연구와 컨설팅을 진행하는 영국의 NPC(New Philanthropy Capital)에서 만든 기부자 유형 진단 툴이며, 총 13문항의 설문 답변을 통해 기부 성향을 확인할 수 있습니다.

○ 기부자 여정

여정(旅程, journey)은 여행 중에 거쳐 가는 길이나 여행의 과정을 뜻합니다. **기부자의 여정이란, 우리 조직에 기부한 기부자가 기부하는 일련의 과정**에 대한 것입니다. 그런데 우리는 왜 기부자의 여정을 고민하고 공부해야 할까요? 모금은 돈을 모으는 것이 아닌 사람을 모으는 것입니다. 또한 모금은 함께 모인 사람들이 공통적으로 추구하는 바를 향해 나아가는 것입니다. 그 나아감의 과정에서 조직은 조직다운 변화와 성장이 필요하고 기부자 역시 변화와 성장이 필요한 것입니다. 그래서 우리는 '동반 성장한다'라고 표현하기도 합니다.

조직과 기부자는 서로의 과정을 함께하고, 그 여정을 통해 성장합니다. 그런데 조직이 이러한 기부자의 여정을 이해하지 못하고 함께하지 못한다면 어떤 일이 벌어질까요? 기부자의 여정을 생각조차 못 했거나, 알면서도 중요하게 여기지 않았거나, 중요함을 알았지만 함께 할 엄두를 못 냈거나, 어떠한 이유이든 간에 이는 조직이 성장하지 못하고 있다는 증명입니다. 비영리조직의 성장은 사회의 신뢰와 맞닿아 있습니다. '신뢰'로 기부, 봉사라는 자발적 실천을 할 수 있는 것입니다. 따라서 신뢰받는 비영리조직은 기부와 봉사가 활발합니다. 즉 사람들이 끊임없이 모입니다.

조직 입장에서 기부자의 여정이 중요한 이유는 기부자가 기부하는 과정(기부를 시작하게 되는 그 순간, 기부를 신청하는 것, 기부 신청 후 기부자로서의 생각,

기부금이 사용되는 것, 기부금으로 변화되는 여러 상황들, 기부를 증액하는 것, 다른 사람에게 기부하자고 이야기하는 것, 기부를 잠시 멈춰야 되는 상황 등) 속에서 기부자가 필요로 하는 정보, 기부자의 심정, 기부자의 인식, 기부자의 희망을 알고 예측할 수 있어야 소통이 될 수 있고 관계가 증진될 수 있기 때문입니다.

여기서 필요한 것이 '기부자 페르소나'와 '기부자 세분화'라는 표현입니다. 페르소나(Persona)는 심리 및 문화·예술 분야에서 사용되는 언어입니다. 통합적으로 가면, 역할, 행동의 주체로 해석됩니다. **기부자 페르소나라는 것은 현재 우리 조직에 기부하는 기부자의 인식을 하나의 형상으로 조직에서 정의하는 것입니다.** 기부자의 여정 안에서 각각 어떤 인식을 갖고 있는지, 그 인식에 맞게 우리는 어떤 태도로 어떤 정보를 제공하고 기부자와의 관계를 어떻게 증진해야 하는지를 확인하게 되는 것입니다. 페르소나를 정의하지 않으면 우리 조직은 명확하고 정확한 커뮤니케이션을 하기 어렵습니다. 기부자 세분화는 주로 고액 모금 전략으로 제시된 기부자 관리를 위한 기초 자료이지만 현재는 기부자를 이해하고 이를 기반으로 모금 전략을 세우는 데 사용되고 있습니다. **기부자 세분화를 통해 보다 차별화된 커뮤니케이션과 맞춤형 메시지를 전달**할 수 있습니다.

기부자 페르소나는 조직의 기록으로 만듭니다. 여기서 기록은 기부자에 대한 데이터를 비롯하여, 정기적인 설문 조사, 행사나 참여 프로그램에서의 반응, 담당자의 감각 등을 분석한 것들을 기반으로 만들어집니다. 따라서 조직의 기록이 잘 정리되어 있지 않으면 기부자 페르소나를 확인할 수 없습니다. 기록에 의해 정보를 모으고 분석하여 기부자 페르소나가 탄생하게 되는 것입니다. 이렇게 만들어진 페르소나는 영구적이지 않습니다. 정기적으로 내용을 바꿀 수도 있고, 목적에 따라 페르소나의 인원 수도 변경될 수 있습니다.

기부자의 페르소나는 조직과 기부자와의 커뮤니케이션에 활용됩니다. 기부 요청, 기부자 관계예우정책, 관계 형성에 필요한 메시지, 시기, 방식 등에 유용하게 활용됩니다. 세세하게는 기부 빈도나 기부 금액에 따라 다르게 적용되기도 하고, 기념품 선정, 행사 방식과 내용, 소통 채널에 대한 부분까지도 사용됩니다. 이를 위해 조직은 '기부자 여정지도' 혹은 '기부자 생애 주기 설계'를 만들어 기부자의 경험과 인식의 흐름을 지속적으로 확인하고 점검하기도 합니다. 영리 조직에서는 고객의 경험을 기반으로 고객 여정지도(Customer Journey Map)를 제작하여 소비자들이 어떤 정보 탐색을 거쳐 구매에 이르는지 구매 의사 결정 과정을 시각적 모델로 만들고 이를 통해 마케팅 성과를 높이기도 합니다. 참고로 넷플릭스 고객 경험지도, 스타벅스 고객 여정지도 등 포털 사이트에 많은 예시가 제공되기도 합니다.

기부자 여정지도(기부자 생애 주기 설계)**를 만들기 위해서는 조직 전체의 노력이 필요합니다.** 앞서 제시한 착실하게 기록한 데이터를 분석하고 우리가 지향하는 활동에 대한 기부자의 반응을 복기하면서 페르소나를 선정하고, 만들어진 페르소나를 어떠한 방식으로 적용할지에 대한 전략이 모색되어야 합니다.

조직과 기부자는 동반 성장합니다. 이를 위해 기부자의 경험을 체계화하여 기부자의 선한 여행을 위해 함께하는 동반자로서 역할을 잊지 말아야 합니다.

기부자
관계예우정책

지휘나 감독이 아닌
관계성을 의미합니다.

기관과 기부자의 관계가
돈독해지는 과정입니다.

관계가 돈독해질수록
기부자의 충성도는 높아집니다.

돈독한 관계와 높은 충성도는 신뢰로 이어지고
기부자는 기관에 더 많은 관심과 참여를 표현합니다.

이것이 기부자의 성장입니다.

기부자 관계예우정책

기부자 관계예우는 '문자 보내기, 편지 쓰기, 보고하기, 행사하기'가 아닙니다. '기부자 인식하기, 신뢰하기, 성장 돕기'입니다. 문자, 편지, 보고, 행사는 기부자 관계예우를 실행하는 도구입니다. 그 도구 안에 기부자를 인식, 신뢰하고 성장을 돕는 것에 대한 이야기가 담겨 있어야 합니다.

기부자 관계예우정책에 담겨 있는 6가지 요소

- ✔ **감사하기** - 기부 참여, 기부금 입금, 연대에 대한 감사 등
- ✔ **안내하기** - 기관 사업과 운영 안내, 프로그램 참여, 연말정산 안내 등
- ✔ **보고하기** - 사업 진행 및 결과 보고, 재무 보고, 변화 사항 보고 등
- ✔ **기억하기** - 기념일(생일, 기부 역사 3, 5, 10년 기념 등), 절기 메시지 등
- ✔ **보상하기** - 현장 방문, 서비스 제공, 명명(Naming) 예우, 홍보 등
- ✔ **참여하기** - 설문 조사(기부자 인식 및 참여 조사 등) 사업 참여, 운영위원, 기부자의 모임, 감사의 밤, 인터뷰 제안 등

기부자 관계예우정책 수립을 위한 조직의 준비

- 리더십이 있는가? (생각, 필요성 인식, 방향성, 의지 등)
- 모금사업(후원 사업, 결연 사업, 자원개발 사업 등)을 독립 사업으로 인식하

고 있는가?

- 독립 예산과 전담 인원이 있는가?

- 기부자 정보(기초 데이터)가 있는가 ?

- 기부자 세분화, 최신의 건강한 데이터, 데이터 분류, 편집, 분석의 기술 등에 대한 규칙과 활용이 가능한가?

- 조직의 현재 상황 분석
  - 첫째, 기존 소통 채널, 방식, 횟수, 사례 및 평가 분석
  - 둘째, 우리가 가지고 있는 서비스
  - 셋째, 담당자의 전문성
  - 넷째, 현재 데이터 수준과 세분화 가능 여부

⊙ 기부자와 책임 있는 커뮤니케이션을 가능하게 하는 시스템

- 내부 업무 규칙과 규정을 반드시 만들고 시행합니다.

- 조직 내 책임자와 실행 담당자를 지정합니다.

- 기부자 개인정보보호와 관련한 규칙과 책임을 명확하게 합니다.

- 기부자의 정보 변경과 반응 사항을 기록, 누적, 반영합니다.

- 기부자 정보의 목록화와 세분화로 맞춤형 커뮤니케이션을 지향합니다.

- 기부자에게 도달할 수 있는 채널을 중심으로 소통합니다.

- 한 개의 채널이 아닌 다중 채널을 사용합니다.

- 신속하고 정확하게 기부자에게 반응합니다.

- 한 가지라도 꾸준하게 할 수 있는 정기적인 실천이 필요합니다.

- 감사 메시지 발송: SNS, 메일, 전화, 서신 등
- 기부자 명단 알림: 온·오프라인으로 기관에서 정기성을 가진 매체를 통해 진행
- 소식지 발송: 잡지 형식의 소식지, 뉴스레터 등
- 생일 기념일 축하: SNS, 전화, 메일, 서신 등이며 특별한 기념 선물을 포함할 수 있음
- 절기 메시지: 명절, 새해, 연말 등이며, 소소한 이벤트성 절기도 활용 가능
- 기부금 영수증 발송: 국세청 발급 안내를 포함하며 조직에서도 발급 가능, 일반 개인소득자의 경우는 12월, 개인사업자나 법인의 경우는 4월
- 기부금 사용 내역 보고 및 사업 보고
- 설문 조사: 기부자 인식 및 참여 조사 등
- 기부 일정 기한 축하: 3년, 5년, 10년 등
- 안부 인사: SNS, 전화, 메일, 서신 등이며, 1년에 한 번(주기는 조직에 맞게) 감사의 뜻을 표현
- 명명: 공간이나 물건 혹은 사업에 기부자의 뜻에 맞는 이름 부여
- 프로그램이나 사업 초대: 기부하는 사업이나 현장에 방문
- 프로그램, 서비스 이용 시 할인
- 감사패(장): 1년에 한 번(주기는 조직에 맞게) 행사 초청 등의 형식으로 진행할 수 있음
- 기념품 제공: 기관 기념일이나 기부 성격과 연결되는 기념품을 제작하여 발송할 수 있음

- 증액 혹은 소개 요청: SNS, 전화, 메일, 서신 등이며 캠페인과 연계해서 진행 가능
- 재기부 요청: 해지기부자에게 재기부 요청
- 감사의 밤: 후원의 밤, 기부자의 밤 등
- 기부자 그룹 참여: 공동모금회 아너소사이어티와 같은 특별 그룹에 참여

⊘ 기부자 관계예우정책 설계 예시

일시	
내용	주기
·감사 메시지	월
·기부자 명단 알림	월
·소식지 발송	월
·기부금 영수증 발송	년
·기부금 사용 내역 보고	년
·사업 보고	년

정기1	
내용	주기
일시기부자 예우 +	
·생일·기념일 축하	월
·절기 메시지	분기
·안부 전함	반기
·증액 요청	년
·감사의 밤	년

정기2	
내용	주기
정기1기부자 예우 +	
·프로그램이나 사업 초대	년
·프로그램, 서비스 이용 시 할인	수시
·기념품 제공	년

특별	
내용	주기
정기2기부자 예우 +	
·명명	발생 시
·감사패(장)	년
·기부자 그룹 참여	분기

※ 정기기부자(정기1, 정기2)는 기부 지속 연수로 구분하거나 기부 금액으로 구분해도 됨
　시기는 월별, 분기, 반기, 연차, 수시, 발생 시로 구분

구분	신규기부자	해지기부자	미납 관리 기부자	종결기부자
시기	기부 등록 시	해지 의사 표현 시	미납 3개월 지속	해지 등록 시
메시지	• 감사 • 기부 내용 확인 (기부 사업, 개인 정보 동의 여부, 통장 번호, 연락처 확인) • 예우정책 안내 • 문의 사항 확인 • 감사	• 감사 • 기부 중 불편한 점 확인 • 사업과 기부금 변경 제안 • 사업 안내 가능 여부 확인 • 감사	• 감사 • 기부 중 불편한 점 확인 • 미납 사항 확인 • 기부 지속 의사 혹은 기부 해지 의사에 따라 메시지 진행 • 감사	• 감사 • 기부하신 사업에 대한 중간 보고 • 감사
형태	전화 등	전화 등	전화 등	전화 등
관계 전략	기부자 관계예우정책에 따라 시기와 형태를 결정할 수 있다. 신규, 해지, 미납 관리, 종결기부자 입장에 맞는 메시지를 선택하도록 한다.			

◎ 신규기부자와의 커뮤니케이션

• 감사는 되도록 빨리 합니다.

• 기부 약정 내용은 반드시 재확인합니다.

• 소식과 안내 방법(문자, 전화 등)을 확인합니다.

- 그동안 함께해주심에 감사 인사를 합니다.
- 기부하는 동안 불편한 점은 없었는지 확인합니다.
- 후원 사업 변경이나 기부금 줄이는 것을 제안합니다.
- 기관 소식과 안내를 계속 보내도 되는지 확인하고 개인정보 동의를 받습니다.
- 다시 감사 인사를 합니다.

○ 웰컴세리머니
[기부자님 환영합니다]

'웰컴세리머니'는 기부를 약정한(혹은 첫 기부금 입금 시) 기부자에게 표현하는 '기부자 관계예우정책' 중 하나입니다. 환영 인사, 기부자 맞이하기, 기부자 환영하기 등과 같은 용어를 사용하기도 합니다. 기관에 따라 대상 기부자별로 다양한 방식과 표현으로 실행하며, '웰컴 키트'가 제공되기도 합니다.

'기부자 환영'이 필요한 이유는 다음과 같습니다.
- 기관 차원의 공식적인 감사
- 기관 정보와 목적사업에 대한 명확한 정보 제공
- 기부 내용의 명시적 확인
- 기부자로서의 인식
- 소통과 관계에 대한 기대와 예측 제공
- 투명성과 신뢰에 대한 첫 실천

✔ 시기
- 기부 약정 이후나 기부금 입금 이후 기관에서 선택하여 실행하되 되도록 빠른 시일 안에 보내도록 합니다. 경우에 따라 기부 약정 이후와 기부금 입금 이후 연속적인 메시지가 도달하도록 하는 것도 좋습니다.

✔ 방식

- 문자, SNS, 메일, 전화, 편지, 대면 등 다양하게 설계할 수 있으며, 일반적으로 사용되는 기부자 관리 프로그램을 이용하기도 합니다.

✔ 발신 주체

- 기관명을 기본으로 하되, 자필 서명 형식의 리더 이름으로 기입합니다. 때에 따라서는 홍보 대사와 같은 기관을 대표하는 셀럽이 대신 이 역할을 수행하기도 합니다.
- 담당자 이름으로 하는 경우도 있으나, 기관과 기부자의 공식적인 첫 대면인 만큼 상징적인 대표성이 중요하므로, 이는 지양해야 합니다. 대신 담당자의 자필로 메모 형식의 메시지를 포함시키는 것은 좋은 방법입니다.

✔ 내용

- 감사와 환영의 인사(기부자 개인 이름을 꼭 기입하거나 기부자의 기부 이유 언급)
- 기관의 가치와 역할 알리기(우리가 왜 이 일을 하는지)
- 기관의 목적사업 소개하기
- 기부 사용처(기부 이후의 약속 혹은 변화)
- 기부 약정 내용(기부 기간, 기부 내용 등)
- 공식적 소통 창구 및 정보 이용 안내(홈페이지, 연락처, 담당 부서, 담당자 등)
- 소통 방식 안내(문자, 메일, 전화 등 최소 2개 이상의 방식을 구성하여 제공)

✔ 구성

- 소통 채널에 따라 구성이 달라질 수 있고 연속 메시지를 어떻게 설계하
  느냐에 따라서도 다양하게 기획 가능
- 감사 편지, 후원 증서, 사업 안내서, 소식지, 홍보물, 기념품, 기부 안내서
  (활동 안내서), 동영상, 명함 등

✔ 기부(후원) 증서의 주요 구성

- 회원 번호(일련번호)
- 기부(후원) 구분: 정기 / ○○사업 / 결연 등
- 기부 일자
- 기부자명
- 기부 내용: 금액, 현물일 경우 수량까지 표기
- 본문
- 일자
- 기관명과 대표자명

✔ 기부(후원) 증서 본문 내용

- 감사 인사: 기부자 이름을 다시 한번 언급, 가족이나 단체의 경우 각각
  의 이름 나열
- 기관의 핵심 메시지: 미션·비전, 가치, 목적사업 등
- 기부금 사용처: 사업명 혹은 사업 내용
- 기념일(생일 등)이나 기부 동기를 강조
- 기부자 사진이나 가족 사진 포함 가능

✔ **기부(후원) 증서 사례**

- 자필 편지 포함, 액자 형태로 별도 기념사진 제공

- 기관의 로고, 홍보 대사의 메시지, 기관을 대표하는 셀럽의 사진이나 어록 포함

- 기부 증서를 제작한 후 혹은 전달한 후 홈페이지나 게시판, SNS에 홍보물로 사용

✔ **웰컴세리머니 설계 시 유의 사항**

- 메시지와 연결되어 있는 홈페이지, 블로그, SNS 정비

- 메시지가 확실하게 전달될 수 있는 기부자 연락처(전화번호, 주소, 이메일 등)

- 구성과 내용은 시의적절하고 재미있고 이해하기 쉽게 작성

- 기부자 관계예우정책으로 누가, 언제, 무엇을, 어떻게 해야 한다는 책임

- 기부자 관리 프로그램을 활용하여 실천 가능

- 리더의 의지와 실천이 매우 중요

✔ **최고의 웰컴세리머니**

- 어떠한 방법이라도 좋습니다.

- 빠른 감사 인사!!!!!

➕ **참고** **정현경의 연대공작단 [기부자님 환영합니다]**

기부자 관계예우정책을 위한 프로그램 소개

CRM, 기부자 관계관리를 위한 프로그램

CRM은 Customer Relationship Management의 약자로 우리말로는 '고객 관계관리'라고 합니다. 단체에서는 기부자와 관련된 내외부 자료를 분석·통합해 기부자 중심 자원을 극대화하고 이를 토대로 기부자 특성에 맞게 마케팅 활동을 계획·지원·평가하는 과정으로, CRM 관련 프로그램 도입이나 시스템을 활용하는 것은 매우 중요한 일입니다.

CRM을 도입하고 고려할 때 조직에서 어떤 의사결정을 해야 할지, CRM을 활용해 어떤 활동과 어떤 설계를 할지 고민하고 있다면 꼭 한번 아래의 주요 점검 내용을 확인하여 단체에 맞는 CRM 소프트웨어를 도입하거나 활용하기를 바랍니다.

기부자 관리프로그램 도입 시 단체에서 확인할 주요 점검 내용

구분	주요 내용
예산	- 초기 설치 및 운영 예산(기부자 수, 사용자 수에 따른 추가 비용) 확인 - 월 사용료, 업그레이드 및 유지 보수에 필요한 정기적 예산 확인
초기 설치	- 프로그램 사용을 위한 세팅 기간 확인
사용자 권한	- 사용자에 따라 프로그램 사용에 대한 권한 부여가 가능한지 확인
데이터	- 현재 단체가 가지고 있는 데이터가 프로그램에 안전하게 이관이 가능한지 확인 ※ 또한 추후 계약 해지 상황 시 단체의 데이터를 안전하게 백업받을 수 있는지 ※ 사회복지시설의 경우 사회서비스정보시스템상 후원 관리 내용을 해당 프로그램에 안전하게 상호 전환이 가능한지
적합성	- 비영리조직에 적합한 특성을 가지고 있는지 확인
교육 및 상담 지원	- 프로그램 사용을 위한 교육 지원이 충분한지 확인 - 프로그램 사용 시 필요한 상담이 어떤 방식으로 이루어지고 있는지 확인
개인정보 보호	- 기부자 개인정보 관리와 보호가 국내법에서 제시한 기준에 부합하고 실현되는지 확인
프로그램 연동	- 다른 프로그램과의 호환과 연동 이용이 가능한지 확인 - 국세청과 연동되어 기부금 영수증 발급 및 신고가 가능한지 확인
홈페이지 연동	- 단체 홈페이지와 연동할 수 있거나 자체적인 후원 신청 웹 시스템이 있는지 확인
기능	- 단체에 맞는 프로그램 사용 전략 지원이 가능한지 확인 - 웹, 태블릿, 모바일등 디지털 매체 활용이 용이한지 확인 - 프로그램을 이용하여 기부자 유지, 개발을 위한 적용 가능성이 있는지 확인 예) CMS 사용 가능 여부 - 기부자와의 소통과 관련한 문자, 메일 등 프로그램을 통해 예약, 발신이 가능한지 확인 - 모금활동과 기부자 개발을 위한 데이터 검색, 분석이 가능하며, 보고서 형식으로 출력이 가능한지 확인

CRM 도입을 고려하고 있는 소규모 단체나 이미 도입되어 있는 CRM 시스템의 전환을 고려하는 단체가 참고할 수 있도록 프로그램을 유형별로 나누었습니다. CRM 선택의 기준점은 단체의 유형에 따라 다르기 때문에 시스템을 도입하기 전에 여러 가지 유형을 파악하여 기관의 장단점과 맞추어보기를 바랍니다.

■ **비영리기관용 구독형 소프트웨어(또는 PC설치형 소프트웨어)**

• ㈜휴먼소프트웨어(MRM 후원·회원관리 솔루션)

• ㈜크레비스파트너스(도너스(DONUS))

• ㈜스마트레이저(도움과나눔)

• 주식회사 엔지오웨어(나눔셈)

• 해피나눔

■ **엑셀+CMSpro**

• ㈜밴프로

• 빌링원플러스(금융결제원 e서비스)

• 효성에프엠에스㈜

• 엔콤소프트(주)

커뮤니케이션

메시지를 보내는 시기와 방식, 내용(문자 메시지, SNS, 편지, 소식지 등)은 조직 환경과 내부 정책에 따라 다를 수 있습니다.

우리 메시지를 '누구'에게 전달하는 것인지요?

받는 사람이 '누구'인가에 따라 정보의 양과 내용, 표현이 달라집니다.

정보의 양과 내용, 표현을 달라지게 하는 것이 바로 '태도'입니다.

'태도'가 곧 당신과 당신이 속해 있는 조직을 이야기합니다.

◎ 작성 태도

말에는 가슴이 담긴다고 합니다. 따라서 말 한마디에도 체온이 있습니다.* 기부금은 기부자의 '피 같은 돈'입니다. 기부자의 '삶'**입니다. 따라서 기부자의 삶에 존경과 예우를 다해야 합니다. 단어, 문장, 표현에 가슴이 담긴 존경과 예우가 드러나도록 해야 합니다.

---

* tvN 드라마 〈응답하라 1998〉, 8화

** 정현경, 《사회복지와 모금》(2018), 〈붕어빵 30마리〉, 푸른복지, 12쪽

- 수신은 '기부금'이 아니라 '기부자'입니다.
- 메시지의 시작은 항상 '감사'입니다.
- 기부자의 일상을 이야기합니다. 단체 문자라도 기부자의 일상이 담기면 개인 문자가 됩니다.
- 조직과 사업에 대해 안내와 참여를 이야기합니다.
- 기부자 참여로 변화된 현장을 보고합니다.

구체적인 내용

※ 아래 내용과 순서는 반드시 적용해야 하는 사항은 아니며, 조직에 따라 선택할 수 있습니다.
※ 사단법인 바라봄(baravom.co.kr)의 문구를 예시로 사용했습니다.

- 미션·비전이나 기관의 방향성 또는 특정 캠페인과 사업과 관련된 내용으로 기부자에게 인지와 각인이 필요한 고정된 문구 삽입

빛으로 사람을 모으고 세상을 바라봅니다,
오늘도 VOM! 바라봄!,
비영리 상상을 연결하여 바라봄!

- 인사: 공감을 끌어낼 수 있는 모두와 연관되는 절기 및 계절 인사, 사회적 이슈와 관련된 안부, 일상이 전해지는 내용 등
- 감사: 참여, 기부, 연대에 대한 감사로 함께함에 대한 진심과 태도 전달
- 기관의 사업: 안내, 진행 상황, 사업 성과 등 참여 독려나 변화에 대한 내용
- 안내 사항
- 자료 링크: SNS 또는 사진 연동

◎ 작성 전 확인 사항

- 사회의 변화와 절기별 특징 파악
- 기관과 관련된 SNS 창구(홈페이지, 블로그, 인스타그램 등) 내용과 변화
- 기관의 구성원과 참여 셀럽의 활동(SNS 참고) 내용
- 기관의 기부자, 봉사자, 참여자의 이야기나 말
- 기관의 미션·비전, 목적사업과 연관된 사회적 이슈 확인
- 기부자 개발과 관계예우정책과 관련한 사항 확인(개인정보 동의, 캠페인 참여 독려, 기부금 영수증 발급 등)

◎ 문자 수신자의 특성 확인

- 문자 수신자의 특성을 확인
  - 약정한(CMS 등록) 기부자에게 보내는 안내성 메시지인가
  - 기부금이 처음 입금된 신규기부자에게 보내는 첫 번째 메시지인가

- 정기기부자에게 보내는 월 메시지인가
- 정기기부금이 은행에서 처리되지 않은 기부자에게 보내는 메시지인가
- 일정 기간 미납된 기부자에게 보내는 안부 메시지인가
- 해지기부자에게 보내는 감사 메시지인가
- 특정 절기, 특정 안내 메시지인가
- 특정 세분화에 따른 기부자 페르소나에 따라 수신자의 특성을 확인하여 메시지 내용을 조절

😊 기부자가 감동하는 소소하지만 확실한 기술

- 개별 이름으로 발송합니다. 보내기 전 이름이 틀리거나 공란이 되지 않도록 거듭 확인합니다.
- 매번 똑같은 메시지를 보내지 않습니다.
- 정기적으로 보냅니다.
- 주제와 관련된 사진을 싣거나 링크를 표시합니다.
- 기관명, 연락처, 지향하는 가치를 계속 노출합니다.
- (여력이 된다면) 기부자 그룹을 세분화하여 각기 다른 메시지로 구성합니다.
- 기부자가 되어보세요. 그래야 기부자의 마음을 알 수 있습니다.
- 기부자에게 보내는 메시지는 조직 실무자나 리더가 같이 받을 수 있도록 합니다.

- 홈페이지 의견 게시 또는 게시판 확인

- 사업이나 프로그램에 참여한 기부자의 반응과 평가

- 기관으로 오는 기부자의 전화 내용(질문, 정보 변경, 정보 문의 등)을 상시
  확인

- 웹진, 소식지 반송이나 누락률* 확인

- 기부자 욕구 및 설문 조사 실시

* https://www.i-boss.co.kr/ab-74668-942

홈페이지나 블로그 자료 올리기

기부자에게 보내는 메시지는 분량의 제한이 따를 수밖에 없습니다. 따라서 기관의 홈페이지나 블로그와 연동시킬 수 있도록 하기 위해서는 콘텐츠의 수준과 내용을 항상 고려해야 합니다.

- 사전 홈페이지 블로그 내용 점검: 시기성, 최신성, 내용 수준, 기부자 입장에서의 이해가 가능한지에 대한 부분 포함
- 기록을 올리는 것 중요
- 그러나 그 기록을 정리해서 기부자가 보기 쉽게 편집하는 것이 중요(예를 들어 '이런 일 했어요'라는 일기 형식의 일자별 기록도 필요하지만, 그것을 분기나 년으로 묶어서 정기적으로 올리는 것도 필요함)

○ 기부자 질문*

기부자 또는 잠재기부자가 알고 싶어 하거나 혹은 묻지는 않지만 궁금해하는 모든 질문입니다.

◎ 기부자 질문 활용

기부자의 질문에 대한 답변 내용을 정리하여 기관 전체가 한 장의 응답지로 공유할 수 있도록 합니다. 모든 질문이 공유되는 것은 아닙니다. 개인정보에 관련된 사항(주민등록번호, 금융 관련 내용 등)은 개인정보보호와 관련하여 특정 담당자가 반드시 처리하고 그 외 질문은 조직 전체가 공유해서 기부자에게 신속하게 응답할 수 있도록 준비합니다.

---

* 이정선 외 4명, 《기부자의 질문 번역기: 기부자의 날 질문》(2019), 중부재단·한국모금가협회

기부 내용
- 기부하고 싶은데 어떻게 해야 하나요?
- 기부하면 어디에 사용되나요?

기부 방법
- 정기적으로 기부하고 싶어요.
- 한 번만 기부하고 싶은데 가능한가요?
- 기부 신청은 어떻게 해야 하나요?

정보 변경
- 주소를 변경할 수 있나요?
- 금액을 변경할 수 있나요?

기부 정보 확인
- 기부금 영수증을 받으려면 어떻게 해야 하나요?
- 어디에 사용되었는지 확인하려면 어떻게 해야 하나요?

- 기부자 입장에서 생각하는 계기가 됩니다.
- 기부자가 무엇을 생각하고 무엇을 궁금해하는지 알 수 있습니다.
- 응답 내용(정보)을 기관에서 서로 공유할 수 있습니다.
- 기관이 무엇(정보)을 어떻게 표현(말)해야 하는지 준비하게 됩니다.
- 기관 전체가 '모금'에 대해 인식하는 계기를 마련해줍니다.
- 리더나 한 명의 담당자가 아닌 기관 전체의 역할이 있다는 것을 확인하게 해줍니다.

- 참가 대상: 조직 전체 구성원

- 참가 인원: 제한은 없으며 6~7명이 한 모둠을 이루도록 구성

- 진행 시간: 2~3시간

- 진행 순서

- **첫째, 모둠별로 기부자의 질문 작성하기:** 평소 기관에서 전화 받은 내용이나 기부자가 궁금해하는 내용 혹은 다른 조직에 기부하면서 느낀 기부자로서의 당신의 궁금증을 적습니다.

- **둘째, 작성된 질문을 범주화하기:** 질문 내용을 유형별 혹은 기부 주기(상담, 기부 등록, 기부 진행, 해지 등)별로 범주화하여 10개로 정리하여 응답 내용을 기록합니다.

- **셋째, 발표하기:** 워크숍 내용을 공유하고 합의합니다.

- **넷째, 발표된 내용을 하나로 정리하기:** 워크숍을 통해 만들어진 '기부자의 질문' 응답을 기입하여 A4 한 장으로 만들어 공유합니다.

⊕ 참고 **정현경의 연대공작단 [기부자의 질문 번역기]**

○ 요청예법

요청은 '설득과 설명의 기술이다'라고 정의한다면…

기부자가 거절했다면 우리의 '기술' 부족 때문일 것입니다.

그럼 어떤 기술을 연마해야 할까요?

말하기? 설득하기? 도구 사용? 이미지? 퍼포먼스?

요청은 기부자에게 여쭙는 것입니다. 기부자에게 여쭙기 위한 우리의 태도와 자세입니다. 요청은 그래서 기술이 아닌 예법(禮法)입니다. 우리가 요청을 어려워하는 것은 요청을 위한 상황을 만드는 구조화 작업에 대한 이해가 없기 때문이기도 합니다.

⊘ 요청을 위한 3가지 구조화 작업: AIP

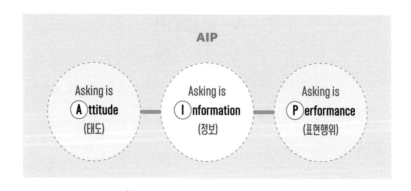

✔ Asking is **A**ttitude(태도)

요청하기 전 담당자의 태도는 확신, 존경, 여쭙기입니다. '확신'은 조직과 명분이 정말 필요하고 절실한가에 대한 것입니다. '존경'이란 기부금은 피 같은 돈, 즉 기부자의 삶이자 기부자가 힘들게 번 돈이므로 최선을 다하여 잘 쓰겠다는 약속입니다. '여쭙기'는 예스, 노의 답을 얻기 위함이 아닌 질문을 통해 공감을 얻는 것으로 '왜'에 대한 상황을 여쭙고 의견을 듣고 참여를 모색하는 것입니다.

✔ Asking is **I**nformation(정보)

요청하기 전 내재화되어야 할 것은 조직 정보, 명분 정보, 기부자 정보, 지역사회 정보입니다. 조직의 미션·비전, 목적사업, 이력을 포함하여 조직 구성원, 사업의 전문성에 대한 정보를 확인해야 합니다.

모금명분에 대한 필요성, 현황과 데이터, 주요 사업의 성과와 변화에 대한 이해와 구체성도 준비되어야 합니다. 요청 대상자인 기부자와 기관의 관계, 명분과 기부자의 관계, 기부 이력을 포함하여 기부자 특성에 대한 정보도 확인되어야 합니다.

마지막으로 지역사회에 대한 이해와 사업의 영향, 필요성의 상관관계도 매우 중요한 정보입니다.

✔ Asking is **P**erformance(표현행위)

요청의 상황을 만드는 것으로, 요청을 성공시키기 위해 철저하게 기획된 연출입니다. 이 연출 디자인은 '6Rights'입니다.

✔ 6Rights

"적절한 사람(Right Person)이 적절한 기부자(Right Prospect)에게 적절한 프로그램(Right Project, Right Reason)을 가지고 적절한 시간(Right Time)에 적절한 방법(Right Way)으로 적절한 금액(Right Amount)을 요청한다."

다시 말해,

✔ 누가 요청할 것인가

✔ 누구에게 요청할 것인가

✔ 기부자가 관심을 가질 만한 혹은 관심을 갖고 있는 근거나 이유로 요청할 것인가

✔ 언제 할 것인가

✔ 어떤 방법으로 할 것인가

✔ 무엇을 얼마나 요청할 것인가를 기획하는 것입니다.

요청이 두려운 이유는

확신과 존경에 대한 태도가 없기 때문입니다.

조직, 명분, 사업, 기부자에 대한 정보도 부족하기 때문입니다.

그리고 의외로 해본 적(실행)이 없는 경험치의 문제이기도 합니다.

기부자의 거절

♡ 기부자도 거절할 권리가 있습니다. ♡

우리는 가끔

이해 못 하는 기부자는
개념이 없다고 생각합니다.

설득당하지 않는 기부자는
착한 사람이 아니라고 생각합니다.

우리는 가끔

받는 것이 익숙하다 보니 거절에 의기소침해집니다.
받는 것이 당연하다 보니 거절이 기분 나쁩니다.

우리의 설명과 설득이 아무리 완벽한 것일지라도
기부자에겐 거절할 권리가 있습니다.

우리의 '익숙함'과 '당연함'이
기부자에게도 거절할 권리가 있다는 것을 잊게 합니다.

결정도 거절도 모두 기부자의 권리입니다.

◎ 스튜어드십

'스튜어드십'은 우리에게 매우 생소한 용어입니다. 스튜어드십은 비영리 조직이 행한 여러 활동을 통하여 형성된 공중과의 관계 유지를 뜻합니다. 차경심은 2020년 학위 논문에서 '스튜어드십'을 기부 조직과 기부자의 관계 형성에 초점을 맞춘 기부자 관계관리(Donor Stewardship)라는 개념으로 해석하고 여기에 커뮤니케이션 영역까지 포함시킨 한국적 스튜어드십 평가 도구*를 만들었습니다. 다음 측정 문항을 통해 우리 조직의 기부자 관계예우 수준을 가늠해보기 바랍니다.

---

* 차경심, 〈기부자 스튜어드십: 척도의 타당도 검증 및 기부행동 효과 연구〉(2020), 한양대학교 대학원 박사학위 논문

국내 스튜어드십 측정 문항*

요인	세부 측정 문항
책임 Responsibility	우리 단체는 기부의 목적에 맞게 기부금을 사용하고 있다.
	기부자는 우리가 기부금을 현명하게 사용할 것이라는 믿음이 있다.
	우리 단체에서 실행하는 기부 활동은 믿음을 준다.
	우리 단체는 기부에 대한 정확한 목적사업(아이덴티티)을 가지고 있다.
	우리 단체는 사회의 이슈에 관심을 갖고 문제를 해결하려 노력한다.
상호호혜 Reciprocity	우리 단체는 기부자의 기부 활동에 감사해한다.
	우리 단체는 기부자와의 소통에 언제나 정중하다.
	우리 단체의 구성원들은 기부자를 인간적으로 대한다.
	우리 단체는 기부액과 상관없이 기부자의 가치를 인정해준다.
	우리 단체는 기부자를 단체의 파트너로 인정한다.
관계 육성 Relationship Nurturing	우리 단체는 특별한 행사 및 모임에 기부자를 초대한다.
	우리 단체는 기부자들에게 개인별 관심을 보낸다.
	우리 단체는 기부자가 문제가 있을 때 언제나 기꺼이 돕는다.
	우리 단체는 기부자에게 개인적 관심을 준다.

* 차경심 연구자가 만든 '스튜어드십 최종 측정 문항'에서 표기된 '이 단체는'을 '우리 단체는'으로 수정함

요인	세부 측정 문항
정보 교류 Information Interaction	우리 단체는 기부자와의 적극적인 소통을 위해 온라인, SNS 등 다양한 소통 채널을 운영하고 있다.
	우리 단체는 정기 소식지나 웹/모바일 소식지 등을 통해 기부 소식이나 수혜자의 이야기를 정기적으로 제공한다.
	우리 단체는 후원 모금 이외에도 기부에 대한 이해를 높이는 다양한 정보를 제공한다.
	우리 단체는 도움이 필요한 사례를 지속적으로 소개하여 기부자의 참여 및 확대를 독려한다.

투명성과
책무성
[공동체]

모금의 윤리성은 필란트로피를
이해하는 가장 중요한 가치입니다.

세상을 보다 나은 곳으로 만들기 위한
도덕적 상상력을 구체화시키는 것이
필란트로피의 바른 실천입니다.

모금활동은 왜
윤리적이어야 할까요?

필란트로피(Philanthropy)는 자선, 박애, 나눔으로 번역됩니다. 페이턴(R. L. Payton)과 무디(M. P. Moody)는 필란트로피를 "세상을 보다 나은 곳으로 만들기 위한 도덕적 상상력을 구체화시키는 것"이라고 정의*하였습니다. 인간은 우리 앞에 펼쳐진 난제들에 맞서 자발적으로 연대하여 도덕적 사상과 가치를 기반으로 이겨내는 실천을 하였습니다. 바로 그것이 필란트로피입니다. 자연재해와 같은 예측 불허의 현상에서부터 불평등, 부정의, 사회적 문제 등 인간의 힘으로 막아설 수 없는 어려운 상황들이 필란트로피를 통해 개선되었습니다. 이러한 실천 중 일부는 기부나 봉사의 형태로 나타나기도 하며, 이런 실천 행위를 받는 곳이 바로 비영리조직입니다. 이러한 연대적 가치와 관계가 모금이 윤리적일 수밖에 없는 이유입니다. 또한 비영리조직은 다른 분야보다 도덕적·윤리적 수준을 더 높이 유지해야 합니다. 모금의 윤리성은 바로 필란트로피를 이해하는 가장 중요한 가치입니다.

공익은 학자마다 관점과 개념이 다르긴 하지만 보통 사회 전체와 사회 일반의 이익에 이바지하거나 미치는 영향을 의미합니다. 그러나 사회 구성원 전체가 아닌 소수가 지향하는 주제나 소수 구성원들의 권리와 존엄에

---

* R. L. 페이턴, M. P. 무디, 《필란트로피란 무엇인가》(2017), 아르케

영향을 미치는 것도 공익이라 할 수 있습니다. 따라서 '공익'이 무엇이라고 정의할 수는 없지만 연대와 공론의 장에서 그 의미가 수렴되는 것입니다. 그래야 소수자들의 권리와 인권이 반영되기 때문입니다. 이는 비영리조직이 필요한 이유이기도 합니다. 모금의 윤리성은 바로 '공익'을 위한 우리의 가치입니다.

모금활동은 우리 조직의 가치와 신념에 공감하고 지지하는 기부자들이 자신의 가치와 신념을 기반으로 행동할 수 있도록 기회를 제공합니다. 기부자는 개인을 포함한 사회 전반의 변화와 맞닿아 있는 조직에 자신의 가치와 신념을 기부함으로써 다른 사회적 가치를 획득합니다. 기부자가 획득한 사회적 가치는 눈에 보이지 않는 혹은 물질적이지 않은 것입니다. 이러한 '가치 교환'이 기부자에게 반대급부 없이도 참여하게 만드는 자발적이고 의미 있는 활동이 되는 것입니다.

따라서 모금은 필란트로피와 공익을 위한 가치와 관계 중심의 연대활동이므로 '윤리'는 우리가 가장 높게 추구해야 할 전문성이기도 합니다.

모금의
규범윤리*

모금활동의 도덕적 판단 기준인 5가지 규범윤리는 다음과 같습니다.
이안 맥퀼린(Ian MacQuillin)과 에이드리언 사전트(Adrian Sargeant)는 선행연구를 통해 모금의 규범적 5가지 윤리를 제시하고 있습니다.

- **신뢰주의(Trustism)**: 모금은 대중의 신뢰를 증진, 보호, 유지하기 위해 윤리적 조항이 규정에 포함되어야 하며 모금은 공공의 신뢰를 지킬 때 윤리적인 것입니다.

- **관계관리(Relationship Management)**: 모금이란 "조직과 기부자 간의 관계를 관리하는 것"**이라고 정의될 만큼 모금은 돈을 모으는 것이 아니라 가치와 목적을 공유한 기부자들과의 관계를 구축하고 유지하는 것이며, 돈은 부차적인 것이라고 합니다. 따라서 관계관리 윤리에는 기부자와 균형 있는 관계를 위한 내용이 포함되어 있어야 합니다.

- **기부자 중심주의(Donor Centrism)**: 기부자의 이익과 관심을 모금 전략의 중심에 두는 것이 윤리적인 것입니다. 특히 기부자의 요구와 소망에 우선권을 부여하고 이를 통해 조직의 지속 가능성, 즉 모금의 성과를 극대화합니다.

---

* Ian MacQuillin, Adrian Sargeant, 《Fundraising Ethics: A Rights-Balancing Approach》(2019), Journal of Business Ethics, 160: 239~250

** Kelly. K. S., 《Effective Fund-Rasing Management》(1998), 2nd eds, Mahawah, LEA

- **자선사업(Service of Philanthropy)**: 윤리는 모금활동에 있어서 기부자에게 자선사업의 의미를 전달할 때 정당화될 수 있고 기부자들은 그 의미에 대한 기부를 할 수 있도록 하는 것이 윤리적인 것입니다. 따라서 모금활동을 하는 사람이 기부자에게 의미 없는 것을 기부 요청하는 것은 비윤리적인 것입니다.

- **권리균형 모금윤리(Rights Balancing Fundraising Ethics)**: 모금가가 수혜자나 서비스 대상자를 대신하는 1차적 의무가 있다는 개념에서 시작되었고 모금가는 이들을 대신해서 기부를 요청할 의무가 있다는 것이 전제됩니다. 모금활동에 있어서 수혜자나 서비스 대상자를 대신하는 모금활동의 의무와 기부 요청에 대한 과도한 압력이나 압박을 받지 않아야 하는 기부자의 권리균형을 맞출 때 윤리적입니다. 단, 기부 요청 시 압력이나 압박을 받지 않아야 하는 기부자의 권리가 있음에도 불구하고 권리균형 모금윤리에 있어서만큼은 허용될 수 있는 상황이 있는데, 긴급한 비상사태일 경우엔 허용 혹은 요구될 수 있습니다.

○ 모금규정

모금규정은 모금 원칙, 모금 정책, 모금 헌장이라는 말로도 대신할 수 있으나, 조직에 따라 각기 다른 구성과 내용으로 준비될 수도 있습니다. 통칭하여 '모금규정'에는 모금과 관련된 내용으로 기관이 지향하는 모금의 원칙을 포함하여 모금활동, 기부금 수령, 분배와 사용, 기부자 관리와 예우 등으로 구성할 수 있습니다. 모금규정은 효과적이고 건전한 모금을 위한 기준이자 구성원의 행동 강령이기도 합니다. 또한 모금활동 중에 발생할 수 있는 법으로 규정하지 못하는 사례, 윤리적 갈등 상황에서 방향성을 알려주는 방패 역할을 합니다.

소개되는 몇 가지 사례를 중심으로 우리 조직의 모금규정을 만들어보기 바랍니다. 조직의 미션·비전, 목적사업, 주요 재원의 종류 등 조직 특성에 맞게 구성 요소와 구성 내용은 달라질 수 있으며 개발, 운영, 관리, 배분 등 범위를 설정할 수 있습니다.

◎ 사례1. 비영리단체의 모금활동과 관련되는 윤리*

모금 윤리규정이란

● 허용 가능한 행동을 체계적으로 규정하는 시도입니다.

● 보편적일 수도 있고 구체적일 수도 있고 이상적일 수도 있고, 강제성이

---

* 아름다운재단에서 출판한 게리 M. 그로브먼의 《비영리단체의 윤리》(2019)에서 모금 윤리규정의 정의 (66쪽~67쪽), 모금활동과 관련성이 높은 윤리 16가지(129~138쪽) 내용을 직접 인용

나 법률적 성격을 띠기도 합니다.

- 법적 효력은 없지만 도덕적 구속력을 갖는 원칙들을 모아놓은 것일 수도 있습니다.

- 원활한 소통에 필요한 상징적이고 체계적인 원칙을 제공하는 것입니다.

1. 모금활동을 할 때는 모든 법과 규정, 규제를 준수해야 합니다.

2. 사생활과 기밀은 반드시 보호되어야 합니다(기부자의 신원 보호, 특히 익명 기증자 약속, 개인정보 등 기부자의 사생활 및 기밀 정보 보호 의무를 반드시 명시).

3. 단체는 기부자가 정한 기부금 사용 제한을 지켜야 합니다(기부자의 분명한 허락 없이 기부자가 예상한 것과 다른 목적으로 기부금을 사용하는 것은 윤리적으로 옳지 않음).

4. 공식적인 기부 수령 정책이 있어야 합니다(받을 수 없는 기부(돈과 물건 모두)와 이의 심사 절차에 관한 규정은 문서로 정리).

   - 기부수령 정책의 예시

   ① 심각한 범죄로 유죄 판결을 받은 사람의 기부

   ② 기증품이 단체에 아무런 쓸모가 없을 것 같을 때

   ③ 기부자가 원하는 기부금 사용 목적을 단체가 받아들일 수 없을 때

   　(예컨대 불법 혹은 비윤리적인 목적으로 사용되길 요구할 때)

   ④ 기부자가 자선단체의 브랜드를 활용하려는 의도가 있으며, 그 정도가 지나쳐 자선단체가 수용할 수 없는 수준이고 자선단체에 도움도 안 될 때

5. 모금활동가에 대한 보상이 모금액을 기준으로 이뤄져서는 안 됩니다.

6. 비영리단체는 모금활동과 관련된 비용을 투명하게 공개해야 합니다.

7. 기부자들은 기부의 내사도 단체에 부당한 영향력을 행사하거나 부당

한 혜택을 받아선 안 됩니다. 거꾸로 이런 특혜를 받는 조건으로 기부금을 요구해서도 안 됩니다.

8. 단체는 기부자들이 단체의 프로그램과 활동에 지나친 영향력을 행사하는 것을 거부해야 합니다.

9. 모금활동가는 기부자와 일정한 거리를 유지해야 합니다(개인적 친분은 충분히 있을 수 있으나 적절치 못한 행위임).

10. 기부 전망 조사는 정당한 목적을 위해서만 해야 합니다.

11. 단체는 재무자료를 투명하게 공개해야 합니다.

12. 모금활동가는 기부를 권유할 때 상대방을 괴롭히거나 과도한 압박을 가하면 안 됩니다.

13. 모금활동가는 상대방의 낮은 지적 능력을 이용해 기부금을 받거나 기부금을 늘리면 안 됩니다.

14. 모든 자료와 정보는 정직하고 정확하며 가장 최근 것이어야 합니다.

15. 모집 비용이 지나치면 안 됩니다.

16. 온라인으로 기부를 권유할 때는 잠재기부자에게 온라인과 오프라인 연락처를 모두 알려야 합니다.

※ 1964년에 채택되어 2014년 10월에 개정되었습니다. 4개 범주로 구성되어 있으며 범주별 세부 기준 25개의 내용으로 구성되어 있습니다.
※ Ethical Guidelines to the Code of Ethical Standards

✔ Public Trust, Transparency & Conflicts of Interest

(Standards 1-11): 공공 신뢰, 투명성 및 이해 충돌

1. 모금가는 조직, 고객, 그리고 모금 업무에 해를 끼치거나 고의로 모금 업무를 욕되게 하는 활동을 하지 않습니다.

2. 모금가는 조직과 고객에 대한 수탁자로서의 본분 및 윤리적·법적 의무와 상충되는 활동을 하지 않습니다.

3. 모금가는 잠재적이거나 실질적으로 이해 상충되는 모든 것을 효과적으로 공개해야 합니다(이러한 공개가 윤리적으로 적절하지 못한 행동이 있었음을 인정하거나 그런 행동을 금한다는 의미는 아닙니다).

4. 모금가는 조직의 이익을 위해 기부자, 잠재기부자, 자원봉사자, 또는 직원과의 관계를 이용하지 않습니다.

5. 모금가는 모든 해당 지역, 주, 지방 및 연방 민·형법을 준수합니다.

6. 모금가는 개인의 전문적 역량 한계를 인정합니다.

7. 모금가는 기부와 관련된 상품과 서비스를 정확하게 전달하고 제공해야 합니다.

---

* Association of Fundraising Professionals
https://afpglobal.org/ethicsmain/code-ethical-standards

8. 모금가는 기금에 대한 목적과 성격을 설정하고, 기부자에게 정보와 서비스를 제공해야 합니다.

9. 모금가는 타인의 지적재산권을 고의로 침해하지 않습니다.

10. 모금가는 기부자와 관련된 모든 정보의 기밀성을 보호합니다.

11. 모금가는 부정한 방법으로 경쟁자를 비하해서는 안 됩니다.

✓ Solicitation and Stewardship of Philanthropic Funds
(Standards 12-16) : 자선기금의 모집과 관리

12. 모금가는 기부자에게 제공하는 자료에 조직의 미션과 기금 사용 내용이 정확하게 반영되었는지 확인합니다.

13. 모금가는 기부자가 기부금의 가치와 세금에 대한 정보에 대해 정확하고 윤리적인 조언을 받을 수 있도록 보장합니다.

14. 모금가는 기부자의 의도에 따라 기부금이 사용되는지 확인합니다.

15. 모금가는 모든 수입원과 기금 사용과 관리에 대한 보고서를 기부자에게 제공할 수 있도록 합니다.

16. 모금가는 금융 거래 조건을 변경하기 전에 기부자의 명확한 동의를 얻어야 합니다.

✓ Treatment of Confidential & Proprietary Information
(Standards 17-20) : 기밀 및 독점정보의 처리

17. 모금가는 권한이 없는 당사자에게 특권 또는 기밀 정보를 공개하지 않습니다.

18. 모금가는 조직과 기부자(잠재기부자 포함) 정보를 조직과 기부자(잠재기부자)의 재산이라는 원칙을 준수합니다.

19. 모금가는 기부자 및 고객에게 판매, 대여 또는 다른 조직과 교환되는 목록에서 이름을 삭제할 수 있는 기회를 제공합니다.

20. 모금가는 기금 조성 결과를 진술할 때, 해당 기관이 채택한 적절한 지침을 준수하는 정확하고 일관된 회계 방법을 사용합니다(미국의 경우, 공인회계사협회(AICPA)가 채택한 지침을 준수함).

✔ Compensation, Bonuses & Finder's Fees(Standards 21-25): 보상, 보너스 및 파인더 수수료

21. 모금가는 보상금을 받거나 기부금 비율에 기초한 계약을 체결할 수 없으며, 중개 수수료나 성공 사례금을 수락할 수 없습니다.

22. 모금가는 조직 내 일반적인 관행에 따르고 기부율에 기초하지 않는 경우에 한하여 성과급 등의 보상을 받을 수 있습니다.

23. 모금가는 제품이나 서비스의 선택에 영향을 미칠 목적의 지불이나 특별 대가를 제공하는 것을 수용하지 않습니다.

24. 모금가는 기부에 따른 수수료 또는 백분율 보상은 지급하지 않습니다.

25. 기부자 또는 의뢰인을 대신하여 기금을 수령하는 경우, 기금 지출에 대한 법적 요건을 갖추어야 합니다.

🎯 사례3. 보편성(상식과 양심)에 따른 모금가의 윤리적 의사 결정*

마이클 J. 로젠(Michael J. Rosen)은 모금가가 윤리적 의사 결정을 내리는 데 있어 윤리강령을 따르고 의사 결정에 대한 깊이 있고 충분한 논의를 취하는 것이 이해관계자들에게 그 결정에 대한 정당성을 줄 수 있으며, 최선의 선택이라고 말합니다. 그러나 그러지 못할 경우, "양심이 당신의 길잡이가 되게 하라"는 지미니 크리켓(Jiminy Cricket)**의 말을 인용해서 건전한 윤리적 결정은 상식적으로 결정하라고 제안합니다.

✍️ 양심에 의한 4가지 판단 테스트***

✔ The Vision Test: 거울을 보고 자신의 취한 결정이 괜찮다고 스스로 말할 수 있습니까? 그렇지 않다면 하지 마십시오.

✔ The What-Would-Your-Parents-Say Test: 부모님에게 자신의 행동에 대한 이유를 설명해주겠습니까?

✔ The Kid-On-Your-Shoulders Test: 만약 당신의 아이들이 당신을 관찰하고 있다면 당신은 편안할 수 있습니까?

✔ The Publicity Test: 내일 신문 1면에 당신의 결정이 실리거나 또는 저녁 뉴스에 언급된다면 편하겠습니까?

---

* 마이클 J. 로젠, 〈Doing well by doing right: A fundraising's guide to ethics decision-making〉 (2005), International Journal of Nonprofit & Voluntary sector Marketing, 10: 175~181

** 지미니 크리켓은 월트 디즈니가 1940년에 만든 만화영화 〈피노키오〉에 등장하는 친구인 귀뚜라미이자 피노키오의 공식적인 양심으로 사용되는 캐릭터이다.

*** 마이클 J. 로젠, 〈Doing well by doing right: A fundraising's guide to ethics decision-making〉 (2005), International Journal of Nonprofit & Voluntary sector Marketing, 10: 176

○ 기부자

기부자는 우리 조직 정보와 활동의 사회적 성과에 대한 정보를 제공받을 수 있으며, 기부금의 사용 흐름과 사용 정보를 요청할 수 있습니다.

또한 기부자와 기부 정보에 대한 비밀을 보장받아야 하며, 기관과 기관 구성원의 전문성을 요구할 수 있습니다. 이 모든 정보는 기부자가 쉽게 이해하고 찾을 수 있도록 제공되어야 합니다. 이는 우리의 사회적 책무입니다.

소개되는 몇 가지 사례를 중심으로 기부자와의 신뢰를 견고히 하는 동시에 각 조항의 내용들이 조직에서 잘 이행될 수 있도록 조직 내부의 행동원칙들을 공유하고 외부에 공표하는 것을 권장합니다.

⊘ 사례1. 기부자 권리장전 선언(A Donor Bill of Right)

AFP(Association of Fundraising Professionals)는 모금전문가(Fundraiser)들의 모금활동에 대한 윤리적인 책무를 위하여 기부자 권리장전 선언을 1993년에 보건모금협회(AHP, Association for Healthcare Philanthropy), 대학모금위원회(CASE, Council for Advancement and Support of Education) 및 미국 기금모금자문협회(The Giving Institute) 등 다양한 주체들이 모여 만들었습니다. 이 선언은 자선 조직이 기부자에 대해 갖는 책임과 기부할 때 단체에 대해 가져야 할 기대에 대한 기부자의 인식을 보장하기 위해 개발되었습니다.

기부자 권리장전 선언*

자선(philanthropy)은 공익을 위한 자발적인 행동을 기초로 하며 삶의 질의 전제가 되는 기부와 나눔의 전통이기도 하다. 일반 대중으로 하여금 자선에 대한 정의와 신뢰를 확고히 할 수 있도록, 그리고 기부자 및 잠재기부자로 하여금 비영리조직 및 이들에 대한 지원 명분에 대해 확신할 수 있도록 기부자의 권리를 아래와 같이 선언한다.

Ⅰ. 기부자는 기관의 사명, 기부 자원의 사용 방법, 목적 달성을 위한 기부 자원의 효과적 사용과 이와 관련된 기관의 역량에 대해 알 권리가 있다.

Ⅱ. 기부자는 이사회에 누가 참가하고 있는지 알 권리와 이사회가 사회적 책무에 입각하여 신중한 판단으로 업무를 수행할 것을 기대할 권리가 있다.

Ⅲ. 기부자는 최근 발행한 재무보고서를 열람한 권리가 있다.

Ⅳ. 기부자는 자신의 기부금이 자선을 목적으로 사용되는지 확인할 수 있는 권리가 있다.

Ⅴ. 기부자는 기부에 대한 수령 여부 통지와 인정을 받을 권리가 있다.

Ⅵ. 기부자는 법이 정하는 바에 따라 기부에 대한 정보의 존중과 비밀을 보장받을 권리가 있다.

Ⅶ. 기부자는 기부자에게 관심을 갖는 개인들 간의 모든 관계를 본질적으로 전문성에 기초할 것이라고 기대할 권리가 있다.

Ⅷ. 기부자는 기부를 요청하는 사람이 자원봉사자인지, 직원인지, 혹은 고용된 모금활동가인지를 알 권리가 있다.

Ⅸ. 기부자는 기관이 공유하고자 하는 메일링 리스트에서 자신의 이름 삭제를 요구할 권리가 있다.

Ⅹ. 기부자는 기부 시 자유롭게 질문할 권리와 진실하고 즉각적인 응답을 받을 권리가 있다.

* 킴 클라인, 《모금이 세상을 바꾼다》(2009), 아름다운재단, 539쪽

인터넷을 통한 모금방식의 변화와 확장으로 온라인 기부자를 위한 eDonor 권리장전의 원칙을 1993년에 만들었는데 이는 온라인상 기부자의 권리와 책임에 대한 자세한 지침을 제공하여 건전한 기부문화를 만들기 위함입니다.

eDonor 권리장전의 원칙*

- 웹사이트에 조직의 미션, 비전, 목적을 명확하게 알려야 한다.
- 웹사이트, 이메일뿐 아니라 조직의 연락처를 명확하게 기재한다.
- 웹사이트에 표시되는 모든 식별기호, 정보는 최신 정보, 명확한 설명, 정당한 출처가 설명되어 있어야 한다.
- 기부자에게 기부금의 세액 및 소득공제에 대한 법률과 그 한도를 알려야 한다.
- 온라인 기부 시 기부자의 개인정보보호가 안전한 시스템을 통해 이루어져야 한다.
- 기부자의 목적에 의해 기부금이 사용되었는지 명확하게 알려야 한다.
- 기부자의 개인정보정책에 따라 정보 수집, 관리, 사용에 대해 설명되어야 한다.
- 타 조직에 공유, 이전되는 데이터 목록을 선택 해제할 수 있는 기회에 대해 명확하게 알려야 한다.
- 기부자가 선택한 경우를 제외하고 원하지 않는 정보를 제공받지 않아야 한다.

* https://afpglobal.org/principles-edonor-bill-rights

투명성과 책무성

비영리조직의 투명성과 책무성이 사회적으로 매우 강하게 요구되고 있습니다. 기부자들 역시 '믿는 조직', '투명한 조직'에게 기부합니다. 신뢰라는 사회적 자본뿐 아니라 투명성과 책무성을 요구하는 법률도 점차 늘어나고 강화되어가고 있습니다. 2015년 아름다운재단 기획연구에서 '재단과 책무성'이라는 주제로 '옳은 일을 더 올바르게, 비영리 투명성의 진화' 연구를 시작*으로 비영리조직에서 갖추어야 할 투명성과 책무성에 대한 다양한 가이드가 제시되고 있습니다.

제시되는 몇몇 투명성과 책무성 진단표는 현재의 수준을 확인하는 것에 불과합니다. 물론 제시된 가이드를 기준으로 없는 것은 구축하고 부족한 것은 채우는 노력이 필요합니다.

* 아름다운재단 기부문화연구소

◉ 사례1. 비영리조직 투명성 체크 리스트

아름다운재단 기빙코리아의 2001년부터 2018년까지의 조사를 보면 기부자는 기관의 투명성과 신뢰성을 기부를 결정할 때 매우 중요한 요인으로 여기고 있다고 답변합니다. 이처럼 비영리조직의 투명성 강화 요구는 지속적으로 증가하고 있으며 조직 차원에서는 선택이 아닌 필수적인 사회적 책무입니다. 2019년 아름다운재단 기빙코리아에서는 한국 비영리조직의 투명성 수준을 탐색적으로 연구하고 분석하여 발표하였으며, 투명성 구성 요인과 세부 항목에 대한 체크 리스트를 제공하였습니다. 제시된 체크 리스트를 보고 우리 조직의 투명성 수준을 확인해보기 바랍니다.

⊕ 참고 **비영리조직 투명성 체크 리스트***

투명성 구성 요인	세부 항목	체크
윤리규정 실행 정도	**우리 조직은 윤리규정에 관한 항목을 어느 정도 수행하는가?** ➡ 조직의 윤리규정은 존재 여부뿐만 아니라 이를 조직에 얼마나 적극적으로 반영하였는지도 함께 살펴보아야 합니다.	
	윤리규정 있음	
	외부 공개	
	직원 교육	
	준수 여부 모니터링	
	위반 시 대응 절차	

* 노연희 외, 《기빙코리아 2019》(2019), 아름다운북, 122~123쪽

투명성 구성 요인	세부 항목		체크
정보 공개 수준	**우리 조직의 정보 공개 수준은 어디까지인가?** ➡ 사업 성과와 재무정보뿐 아니라 조직 운영 관련 정보 공개도 중요합니다.		
	사업 성과 정보	사업별 목표 및 내용	
		사업별 수행 경과 및 성과	
		사업연차보고서	
	조직 운영 정보	이사회 명단	
		이사회 회의록	
		조직 구성원 명단	
		공동사업기관/ 사업지원기관 정보	
		이해충돌방지정책	
		회원/기부자 개인정보보호정책	
		사업 경비 지출 규정	
	재정 정보	재무정보	
		외부 감사보고서	
		내부 감사보고서	
		기부금품 모집 및 사업 내역	

투명성 구성 요인	세부 항목	체크
정보 공개 수단 활용도	**우리 조직은 정보 공개를 위해 어떤 수단까지 사용해보았나?** ➡ 기부자 등 외부에서 공개된 정보를 손쉽게 접할 수 있도록 　적극적인 채널 활용이 필요합니다.	
	홈페이지 게시	
	인쇄물을 통한 게시	
	온라인 뉴스레터 게시	
	오프라인 뉴스레터 게시	
	SNS를 통한 게시	
	문자나 전화를 통한 게시	
	요청하는 경우 제공	
상호 작용 수단 활용도	**외부 이해관계자가 우리 조직에 연락하거나 소통할 수 있는 수단을 어디까지 열어두고 있는가?** ➡ 외부에서 조직과 상호 작용할 수 있는 채널을 적극적으로 　제공하는 일도 투명성의 중요한 측면입니다.	
	홈페이지 의견 게시란	
	이메일	
	우편물	
	SNS 댓글	
	전화	
	방문 접수	
	설문 조사	

투명성 구성 요인	세부 항목	체크
	우리 조직은 이해관계자에게 얼마나 체계적이고 공식적인 응답을 하는가? ➡ 이해관계자의 의견이나 피드백에 대한 즉각적이고 책임감 있는 대응도 중요합니다.	
반응성	응답 절차	
	응답 전담 직원	
	공식적 의견 반영 절차	
	즉각적 응답	
	관련 업무 담당자 응답	
	처리 결과 공지	
	업무 담당자 연락처 제공	

'공익네트워크 우리는'이 제작한 ["우리 조직은 안녕-한가요" NPO 책무성을 위한 자가진단표 버전3]은 지배구조(의사 결정 구조), 재정 투명성, 구성원, 개인정보보호, 저작권 5개 영역의 약 120개의 세부 지표로 구성되어 있습니다. 사회적 책무와 투명성으로 신뢰받는 조직으로 성장하는 데 좋은 길잡이가 되어줄 것입니다.

공익법인 연간 신고 일정

공익법인 주요 일정 (예시: 12월말 법인)

월	의무 사항과 기한	의무 이행 대상
1월	홈택스 연말정산 기부금단체 등록(1/7)	연말정산(개인) 기부금 자료 홈택스 제출을 위한 단체 등록
	부가가치세 신고 및 (세금)계산서 합계표 제출(1/25)	(세금)계산서를 수취 또는 교부한 경우
2월	계산서합계표 제출(매년 2/10)	계산서를 수취 또는 교부한 경우
3월	수익 사업에 대한 법인세 신고(3/31) (사업연도 종료일부터 3개월 이내)	수익 사업을 영위하는 경우
4월	출연재산보고서 등 제출(4/30) (사업연도 종료일부터 4개월 이내)	모든 공익법인 당해 연도 출연받은 재산이 없는 경우에도 제출해야 함
	결산서류 등 공시(4/30)(★) (사업연도 종료일부터 4개월 이내)	모든 공익법인(종교법인 제외) 단, 총자산가액 5억 원 미만이면서 수입 금액과 출연재산가액 합계액이 3억 원 미만인 경우 간편공시 가능 ※ 간편공시의 경우 2023년 사업연도분부터 미신고 시 가산세 적용
	외부 전문가 세무 확인(4/30) (사업연도 종료일부터 4개월 이내)	총자산가액 5억 원 이상 또는 수입 금액과 출연재산가액 합계액이 3억 원 이상인 경우

월	의무 사항과 기한	의무 이행 대상
4월	외부 회계감사보고서 제출(4/30)(★) (사업연도 종료일부터 4개월 이내)	직전 사업연도 총자산가액 100억 원 이상 또는 수입금액과 출연재산가액 합계액이 50억 원 이상 또는 출연재산가액이 20억 원 이상인 경우, 특정 주식 5% 초과하여 출연·취득한 경우
	주식 보유 관련 의무 이행 신고(4/30) (사업연도 종료일부터 4개월 이내)	동일기업주식 5% 초과하여 출연·취득 또는 계열기업주식을 총재산가액의 30%(50%) 초과 보유한 경우
	기부금 모금액 및 활용 실적 공개 (4/30)(★) (사업연도 종료일부터 4개월 이내)	• 표준 서식으로 공익법인 결산서류를 공시한 경우 제출 면제 • 간편공시 의무 이행 공익법인의 경우 제출해야 함 • 국세청 홈페이지에는 법인세법 시행규칙 별지 제63호의7 서식 제출 (공익법인 홈페이지에는 자율양식 제출 가능)
	공익법인의 의무 이행 여부 등 보고 (4/30) (사업연도 종료일부터 4개월 이내)	• 법인세법 시행령 제39조 제1항 제1호에 따른 공익법인(종교법인 제외) • 기획재정부장관이 지정한 한국학교, 전문모금기관
6월	기부금 영수증 발급합계표 제출 (사업연도 종료일부터 6개월 이내)	기부금 영수증을 발급한 경우 (전자 기부금 영수증을 발급한 경우는 제출 제외)
7월	부가가치세 신고 및 (세금)계산서 합계표 제출(7/25)	(세금)계산서를 수취 또는 교부한 경우

월	의무 사항과 기한	의무 이행 대상
8월	법인세 중간예납 신고	이자소득만 있는 비영리법인은 신고 의무 없음
9월	주기적 감사인 지정 기초자료 제출 (9/14) (과세기간 또는 사업연도 개시일부터 9개월째 되는 달의 초일부터 2주 이내)	지정기준일이 속하는 과세연도의 직전 과세연도 종료일 현재 총자산가액 1,000억 원 이상

※ 부가가치세 과세사업을 영위하는 공익법인은 부가가치세법에 따라 1월과 7월에 확정신고를, 4월과 10월에 예정신고를 해야 합니다.

※ (★)가 표시된 의무사항은 공익법인(구 지정기부금단체) 의무 이행 사항으로 미이행 시 지정기부금단체 지정이 취소될 수 있습니다.

공익법인(구 지정기부금단체) 지정 추천 신청 기간

구분	신청 기간	추천 기한	지정·고시
1분기	전년도 10/11 ~ 당해 연도 1/10	2/10	3/31
2분기	당해 연도 1/11 ~ 4/10	5/10	6/30
3분기	당해 연도 4/11 ~ 7/10	8/10	9/30
4분기	당해 연도 7/11 ~ 10/10	11/10	12/31

※ 지정 기간
- (신규) 지정일이 속하는 연도의 1월 1일부터 **3년간**입니다.
- (재지정) 지정 기간이 끝난 후 2년 이내 재지정되는 경우 재지정일이 속하는 연도의 1월 1일부터 **6년간**입니다.

○ 기부금 영수증 발행 근거

"기부금을 받을 수 있는 곳인가요?"

"기부금 영수증은 발급되나요?"

"세제혜택이 가능한 곳인가요?"

기부 의향이 있는 기부자들이 "기부금을 받을 수 있는 곳인가요?"와 같은 질문을 합니다. 질문한 의도는 사람마다 다르겠지만, 기부금단체 자격과 기부금 영수증 발행에 대한 문의라고 판단됩니다. 그렇다면 우리 조직은 어떤 설립법과 근거법에 의해 기부금을 받을 수 있는지, 기부금 영수증 발급이 되는 곳인지를 알려드려야 합니다.

✅ 사례1. 사회복지법인 및 사회복지시설의 경우

사회복지사업법에 따른 사회복지법인과 사회복지시설은 법인세법 시행령 제39조 제1항 제1호 가목 및 소득세법 시행령 제80조 제1항 1호에 따른 기부금단체로 별도의 지정신청 절차 없이 기부금단체로 인정받을 수 있습니다.

 사회복지법인과 사회복지시설은 해당 법령에 따라 기부금 영수증을 발급할 수 있으며 기부자는 세제혜택을 받을 수 있습니다.

법인세법 시행령 제39조 1항 및 소득세법 시행령 제80조에 의해 사회복지법인, 사회복지시설을 기준으로 만든 답변입니다. 따라서 '세법'에 의한 기부금 세제혜택 가능 여부는 단체의 법적지위(설립근거법)와 세제적격단체(세법)에 따라 답변이 다를 수 있음을 주의하여주시기 바랍니다.

✔ 현장에서 가장 모호한 개념

'세법'상 세제혜택을 받을 수 있다는 것과 기부금품의 모집 및 사용에 관한 법률(이하 '기부금품법')에 근거하여 기부금품을 모집한다는 것은 전혀 다른 개념입니다. 세법에 의해 세제혜택을 받을 수 있더라도 1,000만 원 이상 기부금을 모집할 계획이 있을 때에는 '기부금품의 모집과 사용에 관한 법률'에 근거하여 등록하여야 합니다.

- 지정기부금단체와 기부금품 모집등록은 서로 다릅니다. 지정기부금단체라도 일정 기준에 의한 모집 행위를 한다면 반드시 모집등록을 해야 합니다. 즉 지정기부금단체는 기부금 영수증 발급 자격에 대한 것이고 기부금품 모집등록은 모금활동을 하기 위한 등록입니다.

⊕ 참고

- 법인세법 시행령 제39조 제1항
  (지정기부금의 범위 등)

- 소득세법 시행령 제80조
  (공익성을 고려하여 정하는
   기부금의 범위)

아름다운재단의 경우 홈페이지를 통해 법률 준수 사항에 대해 의무를 매년 이행하고 있다고 밝힘으로써 기부자에게 신뢰를 더해주고 있습니다.

아름다운재단 설립

- 설립일: 2000년 8월 14일
- 설립 근거: 민법 제32조 및 행정안전부및그소속청소관비영리법인의 설립및감독에관한규칙 제4조
- 준수 법률: 민법, 상속및증여세에관한법률, 법인세법, 행정안전부및그소속청소관비영리법인의설립및감독에관한규칙
- 설립 근거법률상 지위: 재단법인
- 세법상 지위: 공익법인
- 기부금단체상 지위: 지정기부금단체
- 법인 소관부처: 행정안전부

법률 준수 사항

아름다운재단은 1. 비영리법인 설립에 따른 의무 2. 공익법인의 납세협력의무 3. 공익법인의 출연재산 사후 관리 사항 4. 지정기부금단체 지정에 따른 의무를 매년 모두 이행하고 있습니다.

1. 비영리법인 설립에 따른 의무	2. 공익법인의 납세협력의무	3. 공익법인의 출연재산 사후 관리 사항	4. 지정기부금 단체 지정에 따른 의무
· 다음 사업연도의 사업 실적 및 수입, 지출예산서 및 해당 사업연도 사업계획과 재산목록 주무관청 제출	· 사업연도별 장부 작성 및 비치 · 공익법인회계기준의 적용 · 전용 계좌의 개설 신고 및 사용 · 결산서류 및 출연재산보고서 제출 · 세금계산서 합계표 등 제출 · 결산서류 공시 의무 · 외부 전문가의 세무확인서 제출 · 외부 감사에 의한 회계감사 의무	· 출연재산의 사후 관리 · 주식 출연, 취득에 따른 의무사항 · 출연자 등의 이사 취임 및 임직원으로 근무 금지 · 특정 기업의 광고 등 행위 금지 · 자기내부거래 시 지켜야 할 일 · 공익법인의 수혜자 특정 금지 · 해산 시 잔여 재산의 귀속	· 기부금 모금 및 활용실적 세부 내역 제출 · 기부금 영수증 발급 내역 작성, 보관, 제출의무 · 지정기부금단체 재지정 신청 이행

○ 기부금 영수증 발급 안내

- 시기: 11월 말 ~ 12월 초순 사이
- 방식: 홈페이지 게시, 문자, 메일 등 되도록 기관에서 사용하는 모든 매체를 이용

◎ 기부금 영수증 발급 안내 10가지 주요 사항

1. 감사

- 무엇보다 함께해주신 그 마음에 감사를 전합니다.

2. 기부금 영수증 발급을 위한 필요 정보

- 기부금 영수증 발급을 위해서는 이름, 주민등록번호(13자리), 주소가 정확해야 합니다.
- 개인정보 확인, 수정, 변경을 위한 안내를 해야 합니다.

3. 기부금 영수증 신청 안내

- 홈택스(https://www.hometax.go.kr)에서 국세청 연말정산 간소화 서비스로 발급 가능합니다(보통 다음 연도 1월 중순부터 서비스 지원).
- 홈페이지에서 직접 출력이 가능한 경우는 신청 방법과 링크를 상세하게 설명하고, 유무선(이메일, 팩스, 전화 등)으로 신청하는 방법을 안내합니다.

4. 기부금 영수증 발급기준 안내

- 본인 명의로 발급 가능합니다.

- 기부 금액은 당해 연도(구체적인 연도와 일자 표기)에 해당됩니다.

- 기부금 이월공제 기한은 10년입니다.

- 일시기부도 기부금 영수증 발급이 가능합니다.

5. 기부금 유형과 법적 지위 안내

- 기부금 유형과 기관의 설립근거법을 안내합니다.

  예) ○○○○은 지정기부금단체입니다-관련법 명기

6. 세액공제 범위(지정기부금단체 기준)

공제 한도	세액공제율
개인: 소득 금액 30%	1,000만 원 이하(15% -> 20%)
법인: 소득 금액 10%	1,000만 원 초과분(30% -> 35%)

※ 기부금 세액공제 한시확대 조항: 소득세법 제59조의4 제8항에 의거, 소외계층 지원을 통한 코로나19 극복 및 나눔문화 확산을 위해 2021년 1월 1일부터 2022년 12월 31일에 기부하는 분에 한하여 한시적으로 기부금 세액공제율이 5% 상향 조정되었습니다.

7. 증빙서류

- 기부금 내역 증빙서류(사업자등록증, 법인설립허가증 등) 신청 방법과 출력
  에 대해 안내를 합니다.

8. 문의처 안내하기

- 부서, 담당자명, 이메일, 직통번호를 표기하여 기부자들이 문의할 수 있
  도록 알려드립니다.

9. 기부 독려

- 기부금 사용 내역, 기부금 사용에 대한 사업 변화를 안내하고 확인할 수
  있도록 관련 사이트를 안내합니다.
- 올해가 얼마 남지 않았으니 기부자의 지인들이 추가로 기부할 수 있도
  록 연말 기부 프로그램과 기부 독려를 안내하고 요청합니다.

10. 감사

- 기부자 소통의 시작과 마지막은 늘 '감사'입니다.

TIP

책무성, 투명성, 재무안정성 등과 같은 외부 평가기록과 인증에 대한 내
용을 포함시키면 기부자의 신뢰가 커집니다.

기부금 세제혜택

기부금 세액공제 한도 및 공제율

구분	특례기부금	일반기부금	공제율
개인 (세액공제)	소득 금액 100% 한도 (소득세법 제59조의4 제4항 1호)	소득 금액 30% 한도 (종교 10%) (소득세법 제59조의4 제4항 2호)	1,000만 원 이하 16.5% 1,000만 원 초과 33%
개인사업자 (필요경비)	소득 금액 100% 한도 (소득세법 제34조 제2항 제1호 가목)	소득 금액 30% 한도 (종교 10%) (소득세법 제34조 제3항 제2호)	과세표준에 따라 다름 (6.6%~49.5%)
법인 (손금산입)	소득 금액 50% 한도 (법인세법 제24조 제2항 제2호)	소득 금액 10% 한도 (사회적기업 20%) (법인세법 제24조 제3항 제2호)	과세표준에 따라 다름 (9.9%~26.4%)

※ 2022년도 세법 개정으로 기존 법정기부금은 특례기부금으로, 지정기부금은 일반기부금으로 용어가 구분되었습니다.

※ 세액공제율은 지방소득세 포함입니다.

✓ **손금산입(필요경비):** 과세대상 소득에서 기부금을 공제(비용으로 인정)하는 것을 말합니다. 소득공제와 같은 개념입니다. 세액 계산 전에 비용으로 인정하는 것이기 때문에, 세금감면액을 계산하기 위해서는 기부한 금액에 한계(적용)세율을 곱해야 합니다. 즉, 기부자의 한계세율(적용세율)에 따라 세제혜택 금액이 정해집니다.

✓ **세액공제:** 기부자의 소득 수준과 상관없이 세액에서 기부금의 일정 비율에 해당하는 금액을 공제하는 것을 말합니다.

✓ **손금산입(필요경비, 소득공제)과 세액공제의 최종적 차이**는 결국 세율 적용의 차이입니다. 즉, 손금산입에서는 기부자 자신의 한계세율(적용세율)에 따라 세제혜택이 다르나, 세액공제제도 하에서는 자신의 소득구간과 관계없이 기부한 금액의 공제율만큼 세제혜택이 있습니다.

구 분	손금산입 (필요경비, 소득공제)	세액공제
차감 항목	소득	세액
차감 효과	간접적: 세율을 곱해야 최종 감면액 계산	직접적: 세액에서 직접 차감
소득 수준에 따른 세제혜택 차이	소득 수준에 따른 적용세율에 따라 다름	소득 수준과 관계없이 공제율에 따라 다름
적용 대상	법인, 개인사업자	개인(사업자 제외)

○ 기부(후원)신청서 만들기

기부(후원)신청서는 기부자가 조직이 지향하는 가치에 동의하고 목적사업 등에 사용되는 자원을 약속하는 문서입니다.

◎ 기부(후원)신청서의 내용

구분	항목
명칭	문서 이름, 법적 지위(조직의 법적 지위 혹은 세제적격단체)
기관 정보	기관명, 연락처, 홈페이지
기부자 정보	성명(사업자명), 생년월일, 성별, 주민등록번호(사업자등록번호), 휴대전화, 주소, 이메일 수신 여부(우편물, 이메일, 문자 등), 가입 동기, 참여 경로 등
기부 정보	구분(지정&비지정, 현금&현물 등), 기부액, 기부 약정일, 기부 종류 또는 기부 사업, 결제 방식(CMS, 계좌이체, 신용카드, 핸드폰, 지로 등), 기부금 영수증 발급 여부 등
결제방식 중 CMS 경우	예금주명, 금액, 출금일, 생년월일, 금융기관명, 출금 계좌번호, 예금주 휴대번호, 예금주와의 관계, 신청인명, 신청인 휴대번호, 동의(신청인과 예금주)
개인정보 동의	개인정보 수집 및 이용 동의, 고유식별정보 수집 및 이용 동의, 개인정보 제3자 제공 동의
안내	신청 방법, 기부자 예우 등
기타	일련번호

- 필요한 내용의 범위는 기관의 기부자 관계예우정책에 따라 달라집니다. 따라서 사전에 조직에서 필요한 기부자 정보가 무엇인지 확인하기 바랍니다.

- 문서 이름: 기부방식의 하나인 CMS 대행사에서 사용하는 양식 그대로를 기부신청서로 사용하지 말고 조직에서 제작한 '기부(후원)신청서' 이름으로 문서 이름을 사용합니다.

- 주민등록번호: 기부금 영수증 발행을 원하지 않으면 필요 없는 정보입니다.

- CMS 관련 필요 정보는 위탁회사에서 요구하는 것에 따라 다를 수 있습니다.

- 개인정보 동의 관련 세부 내용은 182쪽을 참조하기 바랍니다.

- 기부 경로, 기부 금액, 출금 금융기관, 기부 방식, 기부 일자 등의 항목을 너무 세분화하는 것은 기부자에게 많은 선택권과 예시를 준다는 장점은 있으나 소규모 조직이나 전담 인력이 없는 경우는 행정과 기록에 대한 부담이 따를 수 있습니다.

- 한정된 지면에 너무 많은 정보가 담기지 않을 수 있습니다. 이때는 2~3회 정도 순차적으로 기부자 소통을 통해 필요한 정보를 얻을 수 있도록 하는 전략도 필요합니다.

- 기부(후원)신청서 제작 전 반드시 대형 비영리조직 홈페이지나 기부(후원)신청서 양식을 통해 디자인, 구성, 정보를 안내하는 문장 표현을 확인해서 참고하기 바랍니다.

기부금 세액공제 관련 기부자의 주요 질문

? 국세청 연말정산 간소화 서비스에서 조회가 되지 않아요.

⋯ 당해 연도 12월 31일까지 기부금을 정산하여 다음 연도 1월 중순부터 국세청 연말정산 간소화 서비스를 이용할 수 있도록 등록합니다. 이 때 기부자 개인 확인을 위해 주민등록번호가 필요합니다. 주민등록번호가 기관에 등록되어 있지 않은 경우 국세청 연말정산 간소화 서비스에서 기부금 영수증이 조회되지 않습니다.

? 기부자명을 변경할 수 있나요?

⋯ 기부금 영수증은 실제 후원하는 기부자 기준으로 작성됩니다. 예를 들어 ○○○님 이름으로 기부자 가입 후, △△△님 계좌에서 기부금이 출금될 경우 실제 기부자는 △△△님이며, 기부금 영수증은 △△△님에게 발행이 가능합니다. 다만, 연간 소득 100만 원이 넘지 않는 배우자, 직계비속(20세 이하)뿐만 아니라 직계존속(60세 이상) 및 형제자매(20세 이하, 60세 이상) 등이 지출한 기부금에 대해서는 동일하게 세제혜택을 받을 수 있도록 그 범위가 확대되었습니다(2011년부터). 이를 제외하고 기부자명을 임의로 변경하는 것은 불가능합니다.

? 기부한 금액과 기부금 영수증 내역이 다릅니다.

○ 기부금 영수증이 기부 내역은 당해 연도 12월 31일 입금분까지 정산

됩니다. 그러나 기부자님의 통장 출금일과 계좌 실제 입금일이 차이가 있어 늦게 기부 내역이 반영될 수 있습니다. 이 부분은 다음 연도 기부 내역에 반영됩니다.

⑦ 기부금 이월공제가 가능한가요?

⋯ 지정기부금의 경우 10년 동안 공제받지 않은 기부금에 대해 소급해서 세제혜택을 받으실 수 있습니다.

⑦ 정기기부 외 일시기부도 기부금 영수증을 받을 수 있나요?

⋯ 가능합니다. 현금, 물품 기부도 기부금 영수증 발급대상입니다.

⑦ 지로와 CMS로 기부금을 수령하였습니다. 은행 자동이체로 기부금을 받을 경우 1만 원을 기부한 경우 1만 원의 기부금 영수증을 발행하지만, 지로를 통해 납부하는 경우 수수료 240원을 제한 9,760원을 기부금 통장으로 입금받고 있습니다. 이와 같은 경우 기부자가 기부한 금액을 기준으로 영수증을 발행해야 하는지, 아니면 단체가 수령한 금액만큼을 명시하여 작성해야 하나요?

⋯ 기부금 지로 자동이체 수수료 및 CMS수수료 등의 비용은 기부를 받는 단체에서 부담해야 할 모집비용에 해당합니다. 따라서 1만 원일 경우 수수료 240원을 제한 9,760원이 기부금 통장으로 입금되더라도 수수료 240원은 기부금 지로 서비스를 이용하는 비용에 해당하니, 기부금을 받는 단체에서 부담해야 합니다. 즉 기부자에게는 1만 원에 대한 기부금 영수증을 발행해야 합니다.

○ 개인정보 처리

'개인정보보호법'은 개인정보의 처리 및 보호에 관한 사항을 정함으로써 개인의 자유와 권리를 보호하고, 나아가 개인의 존엄과 가치를 구현함을 목적으로 2011년 3월 29일 법률 제10465호로 제정되었습니다.

'개인정보보호법' 제30조에는 사업자 등 개인정보 처리자로 하여금 '개인정보 처리 방침'을 수립·공개하도록 의무화했고, 여기서 '개인정보 처리 방침'이란 개인정보 처리자의 개인정보 처리 기준 및 보호조치 등을 개인정보보호법에 따른 기재사항을 포함하여 문서화한 것을 말합니다.

'개인정보 처리'는 개인정보의 수집, 생성, 기록, 저장, 보유, 가공, 편집, 검색, 출력, 정정(訂正), 복구, 이용, 제공, 공개, 파기(破棄), 그 밖에 이와 유사한 행위를 말하며, 사업자·단체가 개인정보를 다루는 모든 행위를 의미*합니다.

따라서 모금활동과 관련하여 법에 근거한, 어떤 개인정보가 필요한지, 왜 필요한지, 어떻게 수집할 것인지, 어떻게 기록·보관·관리할 것인지, 어떻게 소통에 사용할 것인지에 대해 먼저 파악해야 하고 그에 따른 조직의 체계적 계획이 수립되어야 합니다. 그래야 정확한 개인정보 동의를 받을 수 있으며, 혹여 필요없는 정보 수집으로 인한 관리를 줄일 수 있습니다.

---

* 〈개인정보 처리방침 작성 가이드라인〉(2020), 개인정보보호위원회, 한국인터넷진흥원, 4쪽

개인정보
동의

모금활동과 관련된 정보 동의는 대표적으로 3가지입니다. 개인정보 수집 및 이용, 고유식별정보 수집 및 이용, 제3자 제공 동의입니다. 개인정보 보호법 제15조 및 제24조에 따라 공공기관의 개인정보를 수집·이용하고, 고유식별정보를 처리할 경우 정보 주체의 동의를 받아야 합니다.

개인정보 수집 및 이용 동의

처리하려는 개인정보의 항목, 목적, 처리 내용 및 이용 기간 등의 동의 내용을 작성합니다.

표*

<table>
<tr><td colspan="3">작성 예시</td></tr>
<tr><td colspan="3">■ 개인정보 수집·이용 내역 참고</td></tr>
<tr><td>항목</td><td>수입·이용 목적</td><td>보유·이용 기간</td></tr>
<tr><td>성명, 전화번호</td><td>홍보 문자 발송</td><td>1년</td></tr>
</table>

표**

<table>
<tr><td colspan="3">작성 예시</td></tr>
<tr><td colspan="3">1. 개인정보 수집·이용</td></tr>
<tr><td>항목</td><td>수입·이용 목적</td><td>보유·이용 기간</td></tr>
<tr><td>(필수) 성명, 생년월일, 전화번호, 핸드폰 번호, 주소, 이메일</td><td>모금회에서 처리하는 기부 관련 업무
(기부 신청, 기부 내역 확인, 확인서 발급, 기부자 서비스 등)</td><td>마지막 기부 시점 이후 10년</td></tr>
</table>

☞ 위의 개인정보 수집·이용에 대한 동의를 거부할 권리가 있습니다.
  그러나 동의를 거부할 경우 기부 신청 및 이력 확인, 기부자 서비스 등 기부 관련 업무에 제한을 받을 수 있습니다.

* 《알기 쉬운 개인정보 처리 동의 안내서》(2022), 개인정보보호위원회, 31쪽
** '2022 희망온돌 따뜻한 겨울나기 사업 안내'(2022), 서울시사회복지공농모금회, 서불늑벌시, 29쪽

✅ 고유식별정보*수집·이용 동의

주민등록번호는 기부금 영수증 발급을 위해 사용되는데, 개인의 고유식
별정보를 어떤 목적으로 언제까지 보유하는지를 설명합니다.

표**

작성 예시

■ 고유식별정보

항목	수입·이용 목적	보유·이용 기간
여권번호	출입증 발급 시 본인 확인 용도	2년

☞ 위와 같이 고유식별정보 처리에 동의를 거부할 권리가 있습니다.
　그러나 동의를 거부할 경우 출입증 발급 및 본인 확인이 제한될 수 있습니다.

표***

2. 고유식별번호(주민등록번호) 수집·이용

항목	수입·이용 목적	보유·이용 기간
주민등록번호	국세청 기부금 영수증 발급	마지막 영수증 발급 시점 이후 10년

☞ 위의 고유식별정보(주민등록번호) 수집·이용에 동의를 거부할 권리가 있습니다.
　그러나 동의를 거부할 경우 기부금 영수증 발급이 제한될 수 있습니다.

* 　고유식별정보는 주민등록번호, 여권번호, 운전면허번호, 외국인등록번호 등

** 　《알기 쉬운 개인정보 처리 동의 안내서》(2022), 개인정보보호위원회, 33쪽

*** 　'2022 희망온돌 따뜻한 겨울나기 사업 안내'(2022), 서울시사회복지공동모금회, 서울특별시, 29쪽

2-1. 고유식별번호(주민등록번호) 제3자 제공·이용

제공받는 곳	항목	제공 목적	제공 기간
국세청	이름, 주민등록번호, 기부 일자, 기부 금액	연말정산 간소화 서비스 이용	국세청 소득공제 자료 제공 시까지

☞ 위의 고유식별번호(주민등록번호), 제3자 제공·이용에 대한 동의를 거부할 권리가 있습니다. 그러나 동의를 거부할 경우 국세청 연말정산 간소화 서비스 이용 등에 제한을 받을 수 있습니다.

◎ 개인정보 제3자 제공 동의

개인정보를 다른 목적으로 이용하거나 타인에게 제공하는 경우에 대한 동의입니다. 여기서 중요한 개념은 '위탁'과 '제3자 제공'입니다. 위탁의 경우는 조직이 처리해야 할 업무를 대행해주는 것이고, 제3자 제공은 개인정보와 연관된 법률에 열거되어 있는 국가기관 제공, 목적과 연관되어 있는 계열기관 제공, 개인정보를 판매하거나 다른 사업을 통해 이익이 창출되는 것 등을 의미합니다. 따라서 모금활동에 있어서의 개인정보 제3자 제공 동의를 받아야 할 경우 위탁과 제3자 제공의 개념을 면밀히 검토하고 내용을 공지한 후 동의를 받아야 합니다.

표*

작성 예시

제공받는 자	제공 항목	제공 목적	보유·이용 기간
○○주식회사	성명, 나이, 전화번호	마케팅 및 홍보	1년 6개월

☞ 위와 같이 개인정보를 제공하는 데 동의를 거부할 권리가 있습니다.
그러나 동의를 거부할 경우 마케팅 및 홍보 서비스 제공을 받으실 수 없습니다.

표**

1-2 개인정보 제3자 제공·이용

제공받는 곳	항목	제공 목적	보유·이용 기간
서울시 및 25개 자치구	성명, 생년월일, 전화번호, 핸드폰 번호, 주소, 이메일	기부 안내를 위한 정보 공유	사업 종료 시까지

☞ 위의 개인정보 제3자 제공·이용에 대한 동의를 거부할 권리가 있습니다.
단, 거부할 경우 기부금 결제 신청이 거부될 수 있습니다.

* 《알기 쉬운 개인정보 처리 동의 안내서》(2022), 개인정보보호위원회, 32쪽
** '2022 희망온돌 따뜻한 겨울나기 사업 안내'(2022), 서울시사회복지공동모금회, 서울특별시, 29쪽

비영리단체의 개인정보보호를
위한 5가지 팁

첫째,
개인정보 수집·이용 목적을 밝혀주세요.

둘째,
목적별로 최소한의 개인 정보를 수집해요.

셋째,
개인정보의 보유 기간은 구체적으로 작성해주세요.

넷째,
개인정보를 제3자에게 제공할 때는 별도로 동의를 받아야 해요.

다섯째,
우리 단체 맞춤 수정 예시 활용하기.

⊕ 참고 **인권재단사람**
　　　　 [뉴스레터 읽는 사람]

모금
전문가

모금전문가는 자신이 하는 일에 대한
철학이 분명해야 하며 분야에
상당한 지식과 경험이 있어야 합니다.

모금가의
전문성

모금활동을 했다고, 혹은 하고 있다고 누구나 모금가(Fundraiser)라고 불리지는 않습니다. 이렇게 불리는 것이 오히려 부담스럽습니다. 공익사업, 비영리에 대한 이해가 없는 사람들은 단어에 담긴 '돈'과 관련된 이미지 때문에 "돈을 많이 벌겠군", "와서 돈을 모아줘" 등 앞뒤 맥락없는 이야기를 하기도 합니다. 실제 이 직무에 대한 전문성과 역할이 사회적으로 논의되거나 합의된 적도 없습니다. 현장에서조차 전문지식과 자질보다 '성격 좋은', '사교성 많은' 사람이 하는 것으로 인식되기도 합니다.

우리나라에는 모금활동 관련 직종의 전문 자격증 제도는 없습니다. 민간 자격증으로 '캠페인매니저(Certified Campaign Manager)'라는 영리나 비영리조직에서 진행하는 캠페인과 관련하여 기획, 마케팅, 커뮤니케이션, 모금, 윤리 등 전문 실무자 양성과 관련한 자격 제도는 있습니다. 해외에는 2011년에 설립된 CFRE International에서 발행하는 CFRE(Certified Fund Raising Executive, 국제공인모금전문가) 인증 자격 제도가 있습니다. 모금전문가 자격에 대한 국제적 신뢰를 받고 있으며, 전 세계 8,000여 명이 자격회원으로 등록되어 있습니다. 모금활동에 대한 지식과 경험 그리고 성과를 제3자가 승인하는 것이며, 이 자격을 취득하기 위해서는 교육, 경험, 모금 성과, 윤리 등 일정 수준 요구되는 기준에 도달해야 합니다. 자격 기준이 되면, 일정한 시험을 통해 자격을 획득합니다. 또한 3년마다 재인증을 받아 전문가로서의 자신감과 전문성, 윤리성을 높여갑니다.

현재 우리 현장은 모금에 대한 전문성 또는 직업적 정체성도 싹트지 않은 상태입니다. 자격증이 있어야 모금을 하는 것도 아니고, 처우가 높아지는 것은 더더욱 아닙니다. 그렇다고 모금의 전문성이 필요없는 것은 아닐 것입니다. CFRE에서 제시되는 전문성에 부합되는 기준을 하나하나 열거할 수는 없으나, 지금보다 발전하는 모금 현장과 기부문화를 위해서 현재 모금 영역에서 활동하고 있는 동료들에게 필요한 몇 가지 자질을 소개하려 합니다.

📢 우리는 돈을 모으는 것이 아니라 사람을 모으는 것이다.
"돈이 어디에 있는지를 고민하지 말고 '사람이 어디에 모여 있을까? 어떻게 모을까?'를 고민하라."

📢 기부자의 돈은 기부자의 삶이다.
"고로 피 같은 돈을 받을 수 있는 명분이 중요하다."

📢 현장에서 답을 찾아라.
"모금명분도, 기부자의 질문도, 사업의 성과도 모두 현장을 기반으로 한다."

📢 기부자가 되어보기
"기부자가 되어봐야 기부자의 마음을 안다."

📢 기부자에게 묻기보다는 여쭙기
"말에서 '우리'가 보여진다."

📢 감사하기
"감사 표현하기, 감사 기록하기, 감사 빨리하기"

📢 받는 것에 익숙해지지 말자.
"당연한 건 없다. 받는 것에 익숙해지지 말자."

📢 백 번의 법칙
"경험상 열 번만 넘어도 그 바닥에서는 선수다."

📢 기록하고 공유하기
"메모하고 기록하며 공유하기 위해 노력하자."

📢 거절에 상처받지 않기
"기부자의 거절 대상은 나와 조직을 포함한 '우리'가 아니다."

📢 기부자의 거절할 권리를 인정하자.
"기부자 승낙은 기적이다."

📢 **관계는 상식이다.**

"좋은 나로부터 출발한다. 그래야 좋은 이웃, 좋은 공동체로 성장한다."

📢 **요청하라.**

"요청은 수혜 대상자를 대신하는 우리의 책무이다."

📢 **사람들은 우리가 착해서가 아니라 우리의 전문성을 보고 기부한다.**

"모금보다는 우리 일에 최고가 되어야 한다."

〈모금의 10계명〉*

1. Please ask! – 준비된 기부자들이 많다.

2. 거절은 병가지상사 – 상처받지 말라.

3. 이미 기부한 사람들을 중히 여겨라. – 기부해본 사람이 또 한다.

4. 기부 이후 프로그램 공유하라.

5. 기부한 사람이 보람을 느끼게 좋은 프로그램과 제안서를 만들어라.

6. 유리알처럼 투명하고 또 투명하라.

7. 기부와 모금도 창의적으로 하라.

8. 일회적 기부보다 지속적 기부를 유도하라.

9. 먼 미래를 보고 대하라.

10. 스스로 그 귀한 돈을 잘 쓰고 있는지 묻고 또 물어라.

* 모금전문가학교

8

연 & 월간
& 주간 활동
실행

막연하게 어렵게만 느껴지는 모금,
모금은 거창한 캠페인만을 의미하지는 않습니다.
일상에서 습관처럼 실천해가는 노력들…
하루, 1주일, 1개월, 1년 단위로 모금 담당자가 해야 할
개발 및 예우 계획을 세우는 것만으로도
충분히 의미 있는 성과들을 이루어낼 수 있습니다.

연간 활동- 한눈에 보는 올해의 할 일

구분	1월	2월	3월	4월	5월	6월
기획	• 모금계획 수립 • 모금 수요 조사	• 모금위원회 구성 • 모금 자원 봉사단 구성	• 모금명분서 기획			
운영	• 동전 모금함 등 수거 • 온라인모금 (월 1회) • 모금 중심 실습	• 모금계획서 교육(워크숍) • 전화모금	• 모금명분서 교육(워크숍) • 증액 요청 및 재후원 요청	• 바자회 • 전화모금 • 기부자 질문 교육(워크숍) • 저금통 사업	• 캠페인	• 기부자 정기 모임 • 전화모금
관리	• 전년도 모금사업 보고서 제작	• Fundraising Kit 점검		• 사업소득 신고 및 기부금 영수증 안내	• 기부자 세분화 (성향 분석)	• 해지기부자 분석
평가	• 전년도 모금사업 평가					
보고	• 전년도 모금 사업보고서 • 당해연도모금 계획서 제출		• 후원금수입 및 사용결과 보고서 제출·공개·보고			
예우	• 새해 인사	• 졸업, 설날, 밸런타인데이 등 절기 인사	• 새로운 시작과 관련된 입학식 등 응원 전하기		• 가족 관련 기념일 축하 전하기	
기록			• 기업 및 단체 리스트 정리	• 기업·재단·단체 등 기금 공모 내역 정리		

	7월	8월	9월	10월	11월	12월	메모
					• 기부자 감사의 밤 T/F팀 구성		
전 모금함 등 거 금 중심 실습		• 모금 중심 실습 • 전화모금 • 기업 대상 후원 요청서 작성 및 제안	• 기부자 전화 • 바자회	• 특별 행사 • 전화모금 • 증액 요청 및 재후원 요청	• 기부자 설문 조사 • 간담회, 평가회 통한 기부 요청	• 기부자 감사의 밤 • 전화모금 • 저금통 수거	
					• 연말정산 신고 및 기부금 영수증 안내	• 전년도 모금사업 평가 • 이해관계자 정보 정리	
반기 금사업 평가			• 모금 관련 협력 업체 점검(계약일, 계약 내용 변경 및 보완 등)			• 기관 사업과 재정 분석	• 단위 사업별 수시 평가
						• 후원 사업 매뉴얼 개정 및 공유	
가철 건강 리 안부 하기		• 휴가철 건강 관리 안부 전하기	• 추석 절기 인사		• 수능 관련 응원 안부 전하기	• 연말연시, 종교 기념일 관련 인사	• 주로 절기와 관련된 메시지 발송
		• 기업 및 단체 리스트 평가			• 기업·재단·단체 등 기금 공모 내역 정리		• 기부자와의 상담, 예우 수시 기록

모금위원회 구성

모금활동과 관련된 위원회를 조직하면 기관의 이해관계자 범위가 더 넓어지고 모금활동이 더 활발해집니다. 위원회는 주로 기관과 모금사업에 관심이 많은 사람으로 구성하되, 지역사회에 영향력이 있으면 더욱 좋습니다. 거액 모금을 시도할 수 있는 기반이 되기도 합니다. 위원회의 역할은 홍보도 중요하지만 기부 참여의 선행모델이 될 수 있도록 제안해야 합니다.

Fundraising Kit 점검

Fundraising Kit는 모금에 필요한 도구로 기부신청서, 필기도구, 홍보물, 소식지 등으로 구성하고 기관 내에 잘 보이는 곳에 비치합니다. 특히 기부신청서 작성에 필요한 내용은 조직원 전체가 사전에 충분히 숙지하고 잠재기부자에게 설명할 수 있어야 합니다. 모금 친화적인 조직으로 발전하기 위해 동료들과 함께할 수 있는 의미있는 활동 중 하나가 될 것입니다.

모금활동과 관계된 협력 업체 점검

홈페이지 제작 업체, 홍보물 제작 및 발송 업체의 계약 기간과 계약 내용 수정 및 변경 등을 정기적으로 확인해야 합니다.

기부자 조사는 기부자 기록 보완, 정보 변경, 기관에 대한 욕구나 불편사항을 확인하는 것입니다. 전화, 설문 조사 방식으로 진행하며 기부자 모임에서 직접 만나 구두로 할 수도 있습니다. 너무 많은 정보를 확인하는 것보다 기관에서 사용 가능한, 즉 기부자 관계에 도움이 되는 정보를 선택하여 질문하는 것이 좋습니다.

자원이 필요할 때마다 기업과 단체를 찾으면 힘도 들고 성과를 낼 수 없습니다. 이때도 기록의 힘이 필요합니다. 평소 기관에 방문한 기업과 단체의 리스트를 잘 정리해 놓으면 해당 시기나 기부 내용을 미리 예측하고 제안할 수 있습니다.

- 일자　　• 상호　　• 활동 내용　　• 담당자　　• 연락처
- 특이사항: 초기 접촉사항, 주요 관심 사업, 주요 지원 영역, 배분 범위, 지원 결정자, 사회공헌활동 등

[양식] 기업 및 단체 리스트

일자	상호	활동 내용	담당자	연락처	특이사항
					초기 접촉사항, 주요 관심 사업, 주요 자원 영역, 배분 범위, 지원 결정자, 사회공헌활동 등

연간 정기적으로 지원되는 기금공모사업 내역도 기록·보완합니다. 잘 정리
해두면 시기를 놓치지 않고 목적사업비를 확보하는 데 큰 도움이 됩니다.

- 기금명: 기업과 재단 상호 기록
- 공모 시기 　 • 지원사업 　 • 홈페이지
- 주소 　 • 연락처 　 • 담당자
- 지원 이력: 우리 기관의 지원 이력
- 특이사항

[양식] 기금공모사업 내역

기금명	공모 시기	지원 사업	홈페이지	주소	연락처	담당자	지원 이력	특이 사항
기업과 재단 상호 기록							우리 기관의 지원 이력	

내부 자원을 활용한 대표적인 모금활동 중의 하나로서 기부자 관계예우 체계 안에서 그 실행 시기를 정함으로써 담당자 변경에 따른 중복 활동이 발생하지 않도록 주의합니다. 종결기부자 중 관리 미흡으로 중단한 기부자 찾기, 기존기부자 중 증액 요청 제외자를 찾는 작업이 반드시 실행되어야 합니다. 증액 요청은 기부자와의 소통 및 예우 과정으로 이해하여 실행에 대한 부담감을 내려놓는 것이 필요합니다.

[양식] 증액 요청 기부자 리스트

아이템	후원금	성명	연락처	기부 시작일	기부 중단일	기부 횟수	요청인	활동 내용	개발 여부	특이 사항
								서신, SMS, 전화, 방문 등		

[양식] 재후원 요청 기부자 리스트

아이템	후원금	성명	연락처	기부 시작일	기부 중단일	중단 사유	요청인	활동 내용	개발 여부	특이 사항
								서신, SMS, 전화, 방문 등		

모금 중심의 실습 운영은 현장의 이해와 훈련 경험이 중심이 되도록 계획하며, 사회복지사업과 모금을 함께 이해할 수 있도록 설계합니다. 자원개발 담당자가 영역을 담당하여 슈퍼비전을 줄 수 있도록 하고, 기관에서 실제 운영하는 자원개발 사업과 연계하여 실행하는 것이 좋습니다.

[설계] 슈퍼바이저 선정 ⇒ 계획 수립 ⇒ 이론 교육(모금의 이해, 자원개발과 기부자 예우 실천 사례) ⇒ 현장실습(기부자 개발 → 기부자 예우) ⇒ 개별 모금활동 평가 및 전체 평가

◎ 전화모금

지리적 접근성을 극복하는 데 좋은 자원개발 방법 중 하나입니다. 비용 대비 효과적이며, 적극적인 요청과 기부자 질문에 대한 설명, 기부자 반응의 즉각적인 관찰이 가능하다는 장점을 가지고 있습니다. 무작위 개발보다는 잠재기부자 리스트를 작성 후 실행함으로써 중복 요청하는 경우가 발생하지 않도록 주의합니다. 전화모금 스크립트를 통해 기부자의 다양한 질문에 빠르게 응대할 수 있도록 충분히 연습한 후에 실행하는 것이 좋습니다.

[전화모금 스크립트 구성 내용]

> 기본 멘트, 후원금품 거절의 경우, 현재 전화를 받을 상황이 안 되거나 후원에 대해 생각해보겠다는 경우, 기부 의사가 있는 경우, 후원처가 장거리인 경우, 세액공제 관련, 기관 관련 정보를 추가로 받아보길 원하는 경우, 후원금이 아닌 후원 물품으로 지원해주길 원하는 경우 등

특별행사(모금 이벤트)

바자회, 음악회, 골프대회 등으로 진행됩니다. 단기 자금을 획득하기 좋은 모델이지만 자칫 행사의 의미가 묻혀버리는 경우가 종종 있습니다. 준비하는 사람도, 참여하는 사람도 '왜' 운영하는지에 대한 정보 전달을 잊지 말아야 합니다.

기부자 전화

기부자 전화는 대면은 아니지만 직접적인 소통의 방식으로 활용합니다. 신규기부자 안내, 해지기부자 안내, 기부금 미출금 또는 납부 정보 갱신 안내, 감사장 발송 및 주소 갱신 안내, 기부금 증액 안내의 내용으로 구성할 수 있습니다. 기부자 전화를 실행하기 전에 문자, 이메일, 홈페이지 공지로 기부자가 갑작스럽게 전화를 받지 않도록 합니다.

월간 활동- 한눈에 보는 이달의 할 일

메모	일	월	화
		1	**2**
		• 기부자 기념일 축하 메시지 발송(생일 등)	• 기부금품 정리 및 내부 보고
	7	**8**	**9**
		• 잠재기부자 리스트 작성 및 재정비(신규, 수정, 보완)	• 온라인모금신청서 작성 요청
	14	**15**	**16**
		• 모금사업 점검 및 내부 공유(진행 과정, 중간 성과, 안내, 협력 사항, 어려운 점, 역할 재확인 등)	• 온라인모금함 생성
	21	**22**	**23**
		• 모금사업과 연계된 목적사업이나 지원사업 내부 공유(진행 과정, 중간 성과, 대상자 변화, 대상자 이야기 등)	
	28	**29**	**30**
		• 정기기부금 입금 • 감사 문자 발송 ⁱ 정기기부금 감사 문자는 기부금 입금 후 24시간을 넘지 않도록 함	• 우편물, 소식지 반송 및 누락 부분 확인

수	목	금	토
	4	5	6
정후원금 점검			
	11	12	13
	• 소식지 발송		• 모금 자원봉사 교육
	18	19	20
	• 자원개발의 날 (전화·대면·캠페인 등)		
	25	26	27
	• 기부자 이야기 내부 공유 (신규자, 해지자, 기부자 미담, 기부자 건의 사항, 기부자 질문 변동 사항 등)	• 정기기부금 입금 확인(CMS 등), 감사 문자 발송	• 모금 자원봉사 활동
부자 정보 변경, 기록 확인 및 정리			

기관에서 동료들이 모금활동에 참여하지 않는 것은 모금사업에 대한 정보가 없기 때문입니다. 모금사업에 대한 정보를 알지 못하니 관심이 없는 것입니다. 정기적으로 기관 회의 시간을 통해 모금활동 및 성과, 수혜 당사자 변화, 기부자 이야기에 대한 부분을 전달합니다.

● 온라인모금

무작위가 아닌 기관의 온라인모금 체계 안에서 동료들과 함께 추진해야 합니다. 온라인모금 수요 조사를 통해 모금 아이템을 개발하고, 감동을 주는 스토리텔링을 위한 자료들을 동료들로부터 받을 수 있어야 합니다. 기관의 다양한 홍보 채널을 통해 온라인모금 경로를 다각화하고, 모금 플랫폼 상에서 진행하는 다양한 지원사업과 이벤트 등에 관심을 갖는 것 또한 중요합니다.

● 모금 자원봉사 교육 및 활동

모금 자원봉사단 조직은 주민조직화와 다양한 모금 방법에 대한 실천 경험을 보유한 담당자가 진행하는 것이 좋습니다. 모든 모금활동은 기관을 대표하여 실행하는 것이며 교육 없는 활동은 불가능하므로 활동별 교육과 평가는 반드시 필요합니다. 자원봉사자 입장에서는 기부 요청에 따른 거절의 경험으로 인해 다른 활동보다 동기 부여가 상대적으로 적을 수 있습니다. 때문에 담당자의 진심에서 우러나온 감사와 격려는 활동의 지속성에 큰 영향을 미칩니다. 모금 자원봉사자의 성과에 대한 지나친 기대는 부담감을 줄 수 있으므로 적당한 수준에서 만족하는 것이 필요합니다.

자원개발의 날

월 1회 담당자가 속한 모금 담당 부서 또는 기관 전체가 함께 모금활동을 합니다. 매월 셋째주 수요일처럼 일정한 날을 정하고, 기관의 상황과 역량에 따라 대면·전화·온라인모금, 캠페인 등을 실행합니다. 매월 정기적인 모금활동은 모금 성과뿐만 아니라, 모금 친화적인 조직으로 발전하기 위한 소중한 밑거름이 됩니다.

지정후원금 점검

비영리조직에서 지정후원금의 투명한 사용은 매우 중요합니다. 기부자가 지정한 후원금이 그 용도와 사용처에 맞게 집행되고 있는지 정기적으로 점검해야 합니다. 온라인을 통해 모금된 지정후원금에 대해서도 오프라인 모금액과 동일하게 관리합니다.

소식지 발송

소식지를 발송할 때는 혹시 기부자의 이름이 제대로 기재되었는지, 오타나 기부 내용 누락은 없는지 재차 확인해야 합니다. 소식지를 우편으로 발송할 경우, 기부자 주소가 변경되었는지 확인합니다. 특히, 우편물 반송 주소는 반드시 정리하여 재입력합니다.

주간 활동- 한눈에 보는 이 주의 할 일

구분	일	월	화	수	목	금	토
온라인 모금활동		• 온라인모금 실행에 따른 후기, 결과보고 등에 대한 점검 및 실행					
오프라인 모금활동			• 기부자 소통(응대)				
기부자 관계예우			• 후원 종결 감사 문자 및 전화 연락	• 신규후원 감사 서신, 메시지 등	• 기부자 안부전화		
기록			• 모금활동 및 기부자 상담 기록 • 일 단위 진행한 기록에 대한 점검 및 수정·보완				

기부자 소통

기부자는 기다려주지 않는다는 것을 기억해야 합니다. 하물며 기부자 개발 과정에 있는 잠재기부자에게는 원활하고 빠른 소통이 더욱 중요합니다. 기부자 개발 과정에서의 소통과 그에 따른 빠른 피드백은 매우 중요하기에 담당자는 기부자 소통에 업무의 우선순위를 둘 필요가 있습니다. 또한, 기부 신청 등과 같은 주요 업무는 담당자뿐만 아니라, 조직 전체가 동일한 내용으로 응대할 수 있어야 합니다.

기부자 관계예우

담당자에 따라 혹은 업무의 많고 적음에 따라 기부자 관계예우가 달라지는 것은 바람직하지 않습니다. 기관의 기부자 예우 체계에 따라 그 예우 방식과 횟수를 정하고 지속적으로 실행하는 것이 바람직합니다. 특히, 기부자 대상의 안부 전화는 과업처럼 한 번에 몰아서 하기보다는 규모에 따라 주·월 단위로 배분하여 정기적으로 실행하는 것이 좋습니다.

기부자 상담 기록

기부자와의 상담 기록은 비영리조직과 기부자 간에 만들어가는 기부 스토리이자 역사입니다. 일 단위로 상담 기록을 빠짐없이 기록하는 것이 중요하지만, 다양한 업무 상황에서 쉽지 않은 것이 사실입니다. 적어도 해당 주에는 기록될 수 있도록 함으로써 기록이 누락되는 것을 방지해야 합니다. 팩트에 기반한 기록이 쌓이고 쌓여 증액 요청, 재후원 요청 등의 내부 자원을 활용한 기부자 개발이 가능해집니다.

부록

매뉴얼 제작
및 활용

어느 조직이나 실무자들이 모금에 대한
전문적이고 체계적인 교육과
슈퍼비전을 받기란 쉽지 않습니다.
기관의 역량이 아닌, 모금 실무자의 역량에
따라 달라지는 모금 성과와 관계예우 방안들…
모금 실무에 대한 각 조직의 매뉴얼은
조직과 실무자가 동일한 방향성을 가지고,
모금활동을 진행하는 데 길잡이가 됩니다.

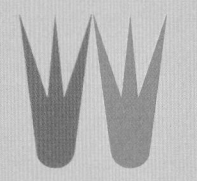

○ 모금 실무 매뉴얼 제작의 필요성

비영리조직에서 후원 실무 매뉴얼은 왜 필요할까요?

♡ **매뉴얼은 모금활동의 기준이자 나침반이 됩니다.**

조직의 모금 매뉴얼은 실무자가 효과적이고 건전한 모금을 하기 위한 기준이자 구성원의 행동강령이 되기도 합니다. 또한 모금활동 중에 발생할 수 있는, 법으로 규정하지 못하는 사례나 윤리적 딜레마 상황에서 방향성을 알려주는 나침판 역할을 합니다.

♡ **매뉴얼은 모금사업의 투명성을 확보하는 방법이 됩니다.**

모금사업과 맞닿아 있는 많은 법률과 시행령, 시행규칙들이 있는데 그것들을 정리하고, 잘 지키는 것이 그리 쉽지만은 않습니다. 실무자가 신입이라면 더욱 어려울 수 있을 것입니다. 우리가 기부금을 투명하게 사용하지 못한다면… 비영리조직 그리고 우리 실무자가 아무리 좋은 사업을 명분을 가지고 실행하더라도 고생한 그 모든 것들이 물거품이 될 것입니다. 또한, 비영리조직 입장에서 한번 무너진 신뢰를 다시 쌓는 것은 그것을 쌓기 위해 노력한 시간보다 훨씬 더 많은 시간과 에너지가 필요하게 될 것입니다.

♡ **매뉴얼은 조직의 기부자 개발 및 예우의 지속성을 확보하는 데 도움이 됩니다.**

주지이 담당자가 바뀔 때마다 기부자 예우 방법이 달라진다면 어떻게 될까요? 물론 지속적으로 발전된 방향으로 개선된다면 모르겠지만, 우리는 모금사업만을 담당하고 있는 것이 아니기에 합의된 예우 방법에 대해 기록해 놓는다면 실무자가 바뀌더라도, 혹은 모금사업을 신입 직원이 담당하게 되더라도 예우뿐만 아니라 기부자 개발에 있어서도 그 지속성을 담보할 수 있을 것입니다.

♡ **매뉴얼은 실무자의 역량 강화를 위한 좋은 교육자료가 됩니다.**

현재 모금사업을 담당하는 실무자 중에서 학교에서 모금을 배운 분들이 과연 몇이나 될까요? 매뉴얼은 그 자체만으로도 하나의 좋은 교육자료가 될 것이고, 기부자 개발 및 예우, 기부금 관리 등이 투명하게, 또 지속적으로 이루어진다면 자연스럽게 실무자의 성장에 기여할 수 있을 것입니다. 매뉴얼은 해당 조직의 모금사업을 이해할 수 있는 가장 기본적인 자료입니다.

모금 실무 매뉴얼 구성

모금 매뉴얼은 조직에 따라 각기 다른 구성과 내용으로 준비할 수 있습니다. 모금과 관련된 내용으로 조직이 지향하는 모금의 원칙을 포함하여 모금활동, 기부금 수령과 관리, 분배와 사용, 기부자 관계예우 등으로 다양하게 구성할 수 있습니다.

예시 1

일반 현황
기관 명칭, 대표, 소재지, 설립일, 운영 목적, 근거법령

모금사업 소개
사업 목적, 사업 구분 및 기부 프로그램 소개

기부금품 접수
기부금품 접수 및 처리 과정, 기부금품 접수 서류

기부금품 배분
배분 방법, 서비스 연계 및 의뢰 관련 서류, 사업 및 프로그램별 안내

모금사업 관련 서식
기부신청서, 금품지정기탁신청서, 개인정보 수집·이용 및 제공 동의서 등

기부의 정의 / 기부금품의 정의

기부금 개발 및 관리
기부금의 분류(지정기부금, 비지정기부금)
기부금 개발 및 관리 절차
기부금의 관리

기부금품 개발 및 관리
기부물품의 개발(자원개발의 날, 전화모금 등)
기부물품의 관리
기부물품 현금가 환산 지침

기부금품 관리의 투명성
기부금 발급 목록 장부 비치
기부금의 수입 및 사용 내역 통보
기부금의 수입 및 사용 결과 보고·공개
기부금의 용도 외 사용 금지

기부자 예우
기부자의 알 권리
공통 관리
기부자 개발 및 예우 절차
기부자 예우 시스템(단계별, 월별, 연차별)

모금 관련 행사

매뉴얼 제작 관련 제언

♡ 때로는 매뉴얼로 인해 실무자들의 생각이 제한되고,

그 틀에 갇혀버릴 수 있습니다.

실무자 입장에서는 그 이상을 고민하지 않는 게으른 모습이 보일 수도 있고, 조금 벗어나면 잘못되는 것은 아닌가 불안해하는 스스로를 발견하게 되기도 합니다. 매뉴얼! 지킬 것은 지키면서 때로는 정통적으로, 때로는 창의적이고 혁신적인 모금활동이 필요합니다. 매뉴얼에 지나치게 얽매이지 말고, 각 조직과 모금 상황에 맞게 내부적으로 협의하면서 하나씩 만들어나가고 또 보완하면 좋겠습니다. 즉, 상황에 맞게 기부자를 개발하고 예우하되, 우리가 모금사업을 하는 그 목적과 본질 즉, 조직의 목적사업 실행을 위한 경제적 지원뿐만 아니라 복지권, 연대, 사회운동 등의 의미를 잘 살리며 모금에 임해야겠습니다.

♡ **타 조직 실무자들과의 연대! 즉 함께 만나서 함께 고민하면**
  함께 성장하고, 함께 어려움을 이겨낼 수 있습니다.

사실 후원 물품의 장부가액(환산가액)을 어떻게 계산할 것인가? 법에 명시되어 있는 의무를 우리 시설 단위에서 어디까지 해야 하는 것인가에 대해서는 해석하는 기관이나 실무자마다 조금씩 상이한 경우가 있습니다. 가령, 비영리조직들은 1년에 한 번씩 받는 주무관청의 지도점검이나 감사 등이 정말 중요하고 또 실무자들이 수검에 부담을 갖는 경우가 많이 있습니다. 그랬을 때, 지역 내 비슷한 비영리조직의 실무자들과 함께 만나서 고민하고 공동의 매뉴얼을 만들어보는 것은 어떨까요? 아니면 주요 내용들에 대해서 합의하여 공동으로 사업을 추진해보는 것은 어떨까요? 가령 후원 물품을 수령했을 때, 기부 업체로부터 받은 장부가액확인서에 대한 신뢰성과 투명성을 확보하기 위해 어떤 추가적인 노력과 증빙서류를 첨부하면 좋을지에 대해서 말이죠. 지도점검이나 감사! 이것들에 대해 공동으로 이겨낼 수 있는 힘이 생길 수 있습니다.

♡ 현재의 조직과 모금 상황에 맞는 매뉴얼의
 지속적인 개정과 활용이 필요합니다.

많은 노력을 기울여 매뉴얼을 만든 후, 몇 년 동안 개정 없이 그저 조직의 규정집 한편에만 자리 잡고 있는 매뉴얼이 의외로 많습니다. 적어도 1년에 한 번씩 정기적으로 모금 관련 법률에 대한 검토가 필요하고, 현 조직의 상황에 맞는 기부자 개발과 예우에 대한 점검과 개정이 지속되어야 합니다. 때로는 매뉴얼이 필요하다는 것을 알면서도 또 그 안에 삽입해야 하는 내용들을 알면서도 부담되거나 귀찮아서 그 이상을 하지 않는 것은 우리가 지양해야 할 것입니다. 아무리 좋은 내용을 담고 있더라도 활용하지 않는 매뉴얼은 그저 종이에 불과합니다. 살아 있는 매뉴얼이 될 수 있도록 조직 구성원들이 함께 노력해야 합니다.

**매뉴얼! 그 틀에 갇히지는 말되…
모금사업의 목적과 본질을 기억해야겠습니다.
함께 성장하고, 함께 이겨낼 수 있습니다!**

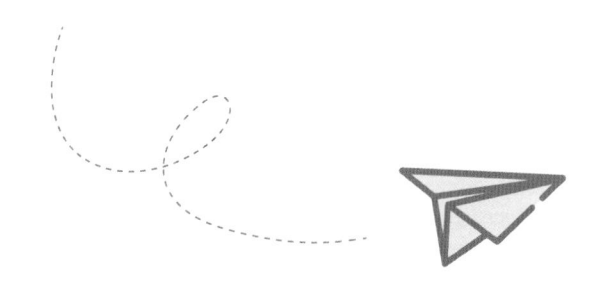

하루에 피어나는
작지만 소중한 행복 심리서

오늘의 기분

초판 1쇄 인쇄 2023년 7월 5일
초판 1쇄 발행 2023년 7월 20일

지은이 장원청, 장인칭, 최지앤, 이정린
기획 이정화(원크로우이퍼블리싱 에이전시)
펴낸이 홍석
이사 홍성우
인문편집팀장 박월
편집 박주혜
디자인 김종민 스튜디오
마케팅 이송희
관리 최우리·김정선·정원경·홍보람·조영행·김지혜

펴낸곳 도서출판 풀빛
등록 1979년 3월 6일 제2021-000055호
주소 07547 서울특별시 강서구 양천로 583 우림블루나인 A동 21층 2110호
전화 02-363-5995(영업), 02-364-0844(편집)
팩스 070-4275-0445
홈페이지 www.pulbit.co.kr
전자우편 inmun@pulbit.co.kr

ISBN 979-11-6172-881-0 03330